ASTUCES ET MANIPULATIONS MENTALES

Éditions ALTERNATIVES
33 rue Saint-André-des-Arts Paris VIe - 2007
www.editionsalternatives.com

ASTUCES ET MANIPULATIONS MENTALES

Le guide des illusions psychologiques

3e édition

Julien LABIGNE

REMERCIEMENTS

Je tiens à remercier en premier lieu Gérard Aimé, président des Editions Alternatives, pour la confiance et l'intérêt qu'il a portés à mon travail depuis notre première rencontre, ainsi que pour m'avoir permis d'écrire cet ouvrage qui me tenait à cœur.

Mes remerciements vont ensuite à Imane Ladouari, Marcela Peccoud, Jérôme Helfenstein, et Morgane Billard pour leur lecture et leurs avis éclairés au sujet de mes textes.

Merci à Matthieu Sinclair pour la relecture, ainsi que pour ses précieux conseils.

Une petite pensée pour Liliane Fabiani (Lily), ses paroles rassurantes, ses sourires communicatifs et ses petites attentions motivantes !

Enfin, un grand, grand, grand merci à Céline Labigne pour son amour et son soutien tout au long de l'écriture de ce livre.

Préface : Vérité et crédibilité

NOS PERCEPTIONS, NOS JUGEMENTS et nos prises de décisions sont en permanence sous influence. Ce petit guide que vous allez bientôt feuilleter va vous faire découvrir un univers passionnant que j'appelle «*l'illusion psychologique*». Laissez-moi vous expliquer la signification de ce terme un peu biscornu. Une illusion est une tromperie sur l'apparence du réel, due à une perception influencée. Pourquoi «*psychologique* »? Parce que les expériences et les anecdotes que vous allez parcourir dans cet ouvrage sont, au sens large, des manipulations de la perception obtenues grâce à des principes psychologiques. En lisant les multiples chapitres qui composent ce livre, vous comprendrez quels sont ces mécanismes que nous utilisons ou subissons tous les jours.

La psychologie est aujourd'hui un terme à la mode, c'est aussi un vaste fourre-tout. Entendons-nous bien : les outils utilisés dans ces expériences ne font pas référence à la psychologie thérapeutique, à la psychanalyse, ou à la psychiatrie. Les notions abordées plus loin sont des simplifications de grands principes de psychologie sociale, de psychologie cognitive et de ce que nous pourrions appeler la psychologie appliquée *(communication, morphopsychologie, PNL...)*. Cette précision me paraît primordiale, notamment d'un point de vue éthique. En effet, ma fonction d'illusionniste ne me permet en aucun cas d'avoir une légitimité en tant que psychologue.

Conscient de l'attrait grandissant que possède la psychologie au sein de la population, j'ai commencé à m'intéresser aux grands principes de l'influence et de la perception il y a quelques années. Au départ, je cherchais surtout à proposer au public des illusions ayant un sens et une crédibilité, pour renforcer l'impact de mes spectacles. Je souhaitais utiliser la psychologie comme un outil théâtral, pour créer des thèmes de tours et des présentations captivantes pour les spectateurs. Ce désir de crédibilité m'obligea à étudier les grandes notions de psychologie cognitive et sociale. Je me rendis alors compte que certains des principes que je découvrais pouvaient avoir une application transversale, et qu'au-delà de l'aspect purement théâtral, je pouvais utiliser certains d'entre eux comme de véritables outils techniques.

Le contenu de ce petit guide est donc le fruit de cette étude passionnée, que j'espère vous prendrez plaisir à lire d'une part, et à utiliser dans votre vie quotidienne d'autre part...

Mentaliste

Un mentaliste est un illusionniste qui pratique la branche particulière du mentalisme : c'est-à-dire qu'il présente des illusions mentales (transmission de pensée, divinations, prédictions...). Il utilise des outils empruntés à la magie, qu'il mêle à des astuces psychologiques *(communication verbale et non verbale, suggestion, manipulation de la perception)*, pour renforcer l'impact de ses tours, influencer ou décrypter la pensée et le comportement du spectateur. Il n'utilise pas de matériel compliqué et ne met pas d'assistante en string dans une boîte ! Aujourd'hui, cette approche de la magie est de plus en plus en vogue, car elle véhicule une notion de crédibilité et un impact adaptés aux codes culturels du XXIe siècle.

Psychologie cognitive

La psychologie cognitive explore la manière dont les individus *(humains ou animaux)* communiquent avec leur environnement. Elle analyse comment les sujets perçoivent *(grâce à leurs cinq sens)*, stockent et interprètent les informations relatives au monde extérieur, et comment cette information est traitée par leur cerveau afin de provoquer une action physique ou mentale *(un comportement, une prise de décision, une pensée, un jugement...)*. On étudie dans cette branche, des notions telles que la mémoire, le langage, l'intelligence, la perception ou l'attention.

Psychologie sociale

La psychologie sociale étudie la façon dont nos pensées, nos sentiments et nos actions sont influencés par la présence de nos semblables. Elle tente de déterminer les facteurs psychologiques qui conditionnent nos comportements et nos prises de décision *(pressions sociales, techniques de persuasion, poids des valeurs culturelles...)*.

PNL

La PNL *(programmation neurolinguistique)* étudie la façon dont notre expérience subjective (nos croyances, nos opinions, notre vision du monde) entre en relation avec nos processus mentaux, notre façon de communiquer et notre développement personnel. Cette discipline fut créée à l'initiative de Grinder *(un linguiste)*, et Bandler* *(un mathématicien)*, qui décidèrent d'étudier les facteurs des résultats très positifs de certains thérapeutes *(notamment Erickson)*, auprès de leurs patients. Ils déterminèrent de façon empirique que le secret de ces thérapeutes résidait dans la relation et la communication qu'ils parvenaient à instaurer, en respectant un ensemble de techniques très précises. En premier lieu, ils se montraient très attentifs aux comportements, au vocabulaire, aux émotions et au mode de perception privilégié de leur interlocuteur *(la vue, l'ouïe ou le toucher)*, pour ensuite se synchroniser à lui en reprenant ses termes et sa gestuelle. Ils menaient également leur entretien de façon structurée, en aidant le patient à exprimer ses objectifs de façon claire, réaliste et positive. Bandler et Grinder mirent en lumière l'influence réciproque que peuvent avoir le langage et le cerveau. Aujourd'hui, la PNL est utilisée par un grand nombre de professions *(psychologues, managers, commerciaux, éducateurs...)*. Ce modèle de psychologie appliquée a pour but d'influencer positivement les processus mentaux de son interlocuteur pour le faire passer de son état présent à l'état que l'on désire, en décryptant sa façon de percevoir le monde, en l'aidant à mieux se connaître et à mieux déterminer ses objectifs, en lui permettant d'accéder à ses ressources intérieures, éventuellement à les transposer à d'autres domaines en utilisant des images et des associations d'idées. C'est un outil moderne de communication et de développement personnel. C'est aussi une arme que peuvent utiliser les illusionnistes pour mieux influencer la perception du public, augmenter l'impact de leurs effets magiques et déterminer la façon dont raisonne un spectateur, en étant attentifs à son comportement...

* Grinder et Bandler : fondateurs de la théorie de la PNL

Bandler et Grinder, *The Structure of Magic*, *Science and Behavior Books Inc,* Palo Alto, 1975.

Dans quelle main ?!

NOUS AVONS TOUS DÉJÀ JOUÉ À CE JEU, en comptant sur... la chance. Cinquante-cinquante : « *La pièce est dans la main gauche ou dans la main droite ?* » Voici quelques astuces psychologiques qui vous permettront d'augmenter votre pourcentage de succès. Par réflexe, les gens ont tendance à mettre au premier coup la pièce dans la main avec laquelle ils écrivent. Au deuxième, par esprit de constance, ils remettent la pièce dans la même main. Ce n'est qu'au troisième coup qu'ils ont tendance à changer de main. Le langage du corps de votre adversaire peut aussi le trahir : observez bien l'inclinaison de son visage, notamment au moment où il sort les mains de derrière son dos pour vous les présenter. Son nez pointera légèrement dans la direction de la main qui contient la pièce ! Vous pouvez également user de stratagèmes qui vont le forcer à se découvrir : demandez-lui de croiser les mains. En général vous remarquerez que la main qui contient la pièce se retrouvera au-dessus, comme si votre adversaire voulait inconsciemment compenser la culpabilité de sa main en l'exposant directement à vos yeux. Demandez-lui encore d'accomplir une action qui va détourner, pendant un instant, son attention de la pièce. Par exemple, il devra fermer les yeux et compter à rebours à partir de 50. Laissez-le commencer à compter, puis demandez-lui de se concentrer à nouveau sur la pièce et d'imaginer très fort que celle-ci devient chaude. Vous verrez le mouvement de ses yeux à travers ses paupières. Votre adversaire ne se méfiera pas puisqu'il a les yeux fermés. Vous pouvez même jouer avec une pièce imaginaire. Prenez dans vos mains les poignets de votre ami, de façon à ce que vous puissiez sentir son pouls. Demandez-lui alors de penser à l'une de ses deux mains en imaginant qu'elle contient une pièce. Vous sentirez son pouls s'accélérer du côté de la main choisie. Une dernière astuce : si vous jouez avec quelqu'un et que plusieurs personnes assistent à la partie, retournez-vous, demandez à votre adversaire de mettre les mains dans le dos et de cacher la pièce dans l'une d'elles. Lorsqu'il s'est exécuté, demandez-lui de montrer aux témoins présents la main qui contient la pièce en la levant distinctement. Vous pourrez ensuite déterminer où est la pièce en observant ses veines. Elles ressortiront plus sur la main qui est restée orientée vers le bas, derrière son dos, contrairement à la main qui a été levée et de laquelle le sang est redescendu.

A Z 1 9

IMAGINEZ que l'on vous présente une série de cartes comportant d'un côté des chiffres et de l'autre des lettres, puis qu'on les dispose devant vous comme dans le titre de ce paragraphe, c'est-à-dire deux cartes côté lettre (A et Z), et deux cartes côté chiffre (1 et 9). Quelle(s) carte(s) retourneriez-vous pour vérifier si la règle suivante est vraie : « Si un A est sur la face d'une carte, alors un 1 se trouve sur l'autre face »[1] ? Vous retourneriez très probablement, comme la majorité de la population (moi y compris !) la carte A pour voir s'il y a bien un 1 au dos, et la carte 1 pour voir s'il y a bien un A au dos. En fait, si nous étions logiques, nous retournerions la carte A et la carte 9. Pourquoi ? Parce qu'une carte A doit avoir un 1 au dos pour que la règle soit vérifiée, mais rien n'indique dans cette même règle qu'une carte 1 doive obligatoirement avoir un A au dos. Il est tout à fait possible de trouver un Z au dos d'un 1, sans pour autant que la règle soit fausse. En revanche, si, en retournant le 9, nous découvrons un A au dos, cela voudra dire que le A n'a pas de 1 au dos, et donc que la règle est fausse. Voilà pourquoi il faut retourner impérativement le 9 ! Pour quelle raison commettons-nous cette erreur de logique ? Parce que nous sommes victimes d'un réflexe mental qui consiste à vouloir prouver une affirmation en cherchant à la corroborer plutôt qu'à la mettre en doute. Nous essayons continuellement de confirmer ce que nous savons ou ce que nous croyons déjà. D'après Thomas Gilovich[2], ce phénomène provient du fait qu'un raisonnement de confirmation est plus simple à développer intellectuellement qu'un raisonnement par contradiction. Si la confirmation est un automatisme, le scepticisme et la logique ne sont pas innés chez l'homme, car la maîtrise de ces concepts nécessite d'acquérir une méthodologie par un travail d'apprentissage et de façonnement d'esprit. Cette tendance psychologique se retrouve dans les arguments que nous pouvons être amenés à donner pour défendre une opinion ou une idée. Elle est également présente chez certains chercheurs qui peuvent parfois avoir des préconceptions à propos des résultats d'une expérience. Ils vont alors inconsciemment organiser leurs protocoles expérimentaux pour que la présentation des résultats vienne appuyer leurs hypothèses de départ. C'est encore le même phénomène qui se manifeste lorsqu'un policier persuadé de la culpabilité d'un suspect lui pose des questions orientées. L'enquêteur, en se comportant de cette manière, cherche à trouver des preuves qui vont valider ses soupçons. La personne interrogée aura très peu de chances de réussir à prouver son innocence car les arguments contradictoires qu'elle avancera seront psychologiquement occultés par son « inquisiteur ». Enfin, c'est la faiblesse qui nous rend réceptifs à la désinformation médiatique. En effet, lorsque nous portons des jugements de valeur sur une situation politique ou sur un peuple, les médias peuvent très facilement nous manipuler en nous montrant non pas ce qu'ils veulent, mais ce que nous voulons. Parmi les exemples les plus frappants ces dernières années, nous avons souvent été confrontés à des images ou des récits de violence, parfois exagérés ou fabriqués de toutes pièces, pour nous conforter dans l'opinion générale que nous vivons dans l'insécurité. Nous fabriquons intérieurement notre propre information, les médias n'ont plus qu'à nous dire ce que nous avons envie d'entendre ! Ce mécanisme est d'autant plus problématique que la croyance qu'il légitime peut être fondée sur des préjugés ou des superstitions. Le meilleur exemple est sûrement la formidable propension de l'humain à croire aux phénomènes paranormaux : il est en effet plus facile d'intégrer mécaniquement une croyance en la démontrant par des événements marquants qui collent à nos superstitions, que de développer un raisonnement logique pour la démentir. Voilà comment la prétendue véracité des manifestations mystiques est transmise de génération en génération sans jamais être remise en question !

Au-delà des mots

UNE GRANDE PART de la communication passe par ce que nous ne disons pas. Cette théorie est de plus en plus étudiée et exploitée par toutes les professions touchant à la communication, et notamment par les illusionnistes. Que peut-on classer dans le non-verbal ? Les expressions du visage, les gestes, les postures et la position du corps, le regard, le rythme et le timbre de la voix. En prêtant attention à tout un ensemble de mimiques que l'on appelle les micro-comportements, vous pourrez en apprendre beaucoup sur ce qu'un interlocuteur a dans la tête. Une erreur souvent commise lorsque l'on veut décrypter la pensée d'autrui, c'est de croire que les interprétations de tel ou tel comportement sont des règles figées. Chacun de nous peut très bien avoir sa propre gestuelle sans que celle-ci induise forcément l'interprétation correspondante référencée dans les ouvrages spécialisés. Ceux qui possèdent une bonne maîtrise de la communication non verbale s'efforcent tout d'abord d'établir le profil de leur interlocuteur, c'est-à-dire sa manière générale de se comporter. Ils détectent ensuite les changements dans son comportement qui vont trahir ses émotions ou sa façon de penser à l'instant T.

Couleurs

Les PROFESSIONNELS de la déco, du graphisme ou du marketing accordent aujourd'hui une grande importance au choix des couleurs car ils savent qu'elles peuvent influencer nos perceptions et notre psychologie. Un objet du même poids vous paraîtra plus lourd s'il est bleu foncé que s'il est jaune clair. Une boisson vous paraîtra plus fraîche dans un verre aux couleurs froides (bleu ou vert) que dans un verre aux couleurs chaudes (rouge ou jaune)[3]. C'est également pour retrouver cette sensation de fraîcheur que vous préférerez porter des couleurs froides l'été. En effet, la vision d'une couleur chaude accélère votre rythme cardiaque, ce qui fait monter légèrement la température de votre corps. Un son sera perçu comme plus fort dans une pièce blanche que dans une pièce aux couleurs plus « feutrées » (violet ou bleu foncé), car le blanc véhicule une impression de vide, et donc de résonance. Le bleu rafraîchit, apaise, suggère la propreté et les grands espaces. Le blanc symbolise la pureté, la perfection, l'hygiène : c'est pourquoi vous retrouvez ces deux couleurs sur votre paquet de lessive. Le jaune évoque la lumière, le soleil, la bonne humeur, l'énergie : cette couleur est présente sur la quasi totalité des produits chocolatés que vous consommez au petit déjeuner. Le rouge excite, agresse, attire l'œil. Le vert repose, calme... Les couleurs jouent aussi un rôle dans nos comportements. En 1991, Neil Kettlelwell et Liz Evans[4] ont prouvé que, si vous organisez une opération caritative, vous avez intérêt à imprimer vos demandes de dons sur des papiers de couleur bleue ou ivoire : cela augmentera statistiquement le nombre de personnes qui donneront. Gorn[5] et ses collaborateurs ont, quant à eux, prouvé qu'un fond bleu pour une page d'attente pendant un chargement sur un site Internet contribuait à calmer l'utilisateur et à lui faire percevoir un temps de chargement moins long. L'effet psychologique des couleurs est indéniable, mais pas universel. Il dépend de nos acquis culturels et des propriétés que nous attribuons à chaque teinte depuis des générations. La symbolique occidentale des couleurs est parfois différente voire aux antipodes de celle d'autres cultures. Le blanc, couleur habituellement portée en Occident pour les mariages, est associé au deuil dans certains pays orientaux. Des ethnologues ont également démontré que la perception des couleurs pouvait être influencée par le langage. Certaines tribus n'utilisent pas les mêmes critères que nous pour distinguer les couleurs, ce qui modifie leur façon de les percevoir. Ils sont par exemple incapables de distinguer le bleu du vert, alors qu'il parviennent à distinguer d'autres nuances qui nous paraissent identiques, à nous Occidentaux.

Lecture rapide

IL EST RÉELLEMENT POSSIBLE d'augmenter de façon significative la vitesse à laquelle nous lisons. Bien entendu, lire vite n'est pas toujours nécessaire. Il est parfois agréable de s'attarder sur chaque mot d'un poème, en prenant le temps d'apprécier la langue. En revanche, la masse d'informations, notamment écrites, que nous avons à traiter tous les jours nécessite de réapprendre à aborder un texte de façon radicalement différente. Qu'elle soit destinée à l'étudiant devant assimiler des cours très fournis, ou au professionnel devant traiter un grand nombre de tâches en un minimum de temps, les techniques mentales que vous allez découvrir maintenant peuvent accélérer votre capacité de lecture sans altérer votre compréhension. Le problème commun à la majorité des lecteurs, c'est d'avoir de mauvaises habitudes. Tout d'abord, nous lisons en faisant du mot à mot, c'est-à-dire d'une part en arrêtant notre regard sur chaque terme, et d'autre part en « prononçant » ce terme mentalement. Accomplir cette action n'est pas nécessaire car, psychologiquement, nous sommes capables de comprendre le sens d'un mot rien qu'en le visualisant, et ce beaucoup plus rapidement qu'en le prononçant mentalement. Ensuite nous ne nous focalisons que sur l'axe central de notre regard, en oubliant la périphérie, ce qui limite la largeur de notre champ visuel, et donc le nombre de mots que nous pouvons voir en même temps : nos mouvements oculaires sont trop nombreux et trop inefficaces. Notre manque de concentration nous empêche encore d'être pleinement attentifs, ce qui fait parfois divaguer notre regard sur la feuille sans qu'il lise réellement le texte, ou nous fait revenir quelques mots en arrière pour reprendre le fil. Enfin, nous lisons de manière trop linéaire, en suivant de trop près la structure haut-bas, gauche-droite, lignes-paragraphes. Pour réussir à lire mieux et plus vite, vous devez vous efforcer dans un premier temps d'élargir votre champ visuel : ceci passe par le placement de l'œil à une distance optimale de la feuille, ce qui vous permettra d'avoir un angle de vue périphérique plus large et vous amènera à effectuer moins de saccades oculaires. L'idéal est de se tenir un peu plus loin de sa feuille que d'habitude et de visualiser les mots par blocs, en les lisant tous en même temps. Cela vous empêchera également de prononcer les mots mentalement, puisqu'il est impossible de dire plusieurs mots à la fois. Détendez votre visage et laissez vos yeux glisser sur la page, en choisissant stratégiquement vos points d'arrêt pour voir le plus de mots possibles à chaque fois. Ensuite il est important de bien se concentrer en ne laissant pas la possibilité à d'éventuelles pensées parasites de venir perturber votre lecture. Vous risqueriez de « revenir à vous » en ayant lu deux pages sans pouvoir vous souvenir de leur contenu. Enfin, oubliez les codes de lecture qui nous obligent à lire un texte de façon linéaire : la plupart du temps, un texte contient de nombreuses répétitions reformulées. La structure d'une rédaction correspond à l'organisation mentale de l'auteur, qui n'est pas forcément la vôtre. Lorsque vous découvrez une page, faites d'abord en sorte de la « scanner ». Parcourez-la dans un premier temps en diagonale pour repérer des mots-clefs, des phrases importantes, cela vous permettra de réduire le nombre de mots lus, en vous concentrant uniquement sur les idées cruciales, sans vous attarder sur les répétitions, ou en allant directement à l'information souhaitée si vous êtes dans le cadre d'une recherche. Vous pouvez penser que, lorsqu'on lit de cette manière, on ne comprend plus rien au texte. Détrompez-vous. Vos yeux voient et votre cerveau analyse, même si vous n'avez pas l'impression de tout lire. Bien entendu, la lecture rapide demande beaucoup d'entraînement. Commencez à pratiquer avec des textes simples, vérifiez que vous avez bien compris le sens général et les éléments principaux en relisant le texte une deuxième fois. Certaines personnes qui pratiquent la lecture rapide peuvent multiplier par quatre leur vitesse de lecture ! Pour tester votre capacité de concentration, voici un petit test ; lisez la phrase suivante :

IL EST IMPORTANT
DE TRAVAILLER LA
LA LECTURE RAPIDE

Si vous n'avez rien remarqué, c'est que vous n'étiez pas assez concentré(e). Relisez la phrase, vous constaterez que vous n'avez pas perçu la répétition du mot « la ». Cette petite manipulation cognitive est la preuve que vous lisez peut-être déjà trop vite...

Tout est relatif

« TOUT EST RELATIF », même en psychologie ! Nos jugements et nos perceptions ne sont formés que par comparaison, ce qui modifie la plupart du temps notre analyse objective d'une situation. Les manifestations de cette « psycho relativité » sont nombreuses. Imaginez que l'on vous propose 1 000 euros pour un travail très simple à réaliser et peu contraignant. Puis, cinq minutes après, on vous annonce qu'on ne peut vous donner que 500 euros pour ce même travail. Dans la plupart des cas, notre première réaction sera de nous demander si cela vaut toujours le coup d'accomplir cette tâche, alors que nous allons être payés deux fois moins. Ici, notre réflexe psychologique est de nous concentrer sur l'écart de salaire, au lieu de nous souvenir que le travail est très simple et peu contraignant, et que 500 euros reste un salaire surévalué par rapport à la tâche. À l'inverse, un vendeur qui vous accorde une bonne remise sait que vous allez avant tout percevoir de façon marquante l'écart entre le prix affiché et le prix concédé, et que cela va modifier votre perception objective de la somme que vous devrez tout de même débourser : il va ainsi influencer votre décision d'achat. Nous avons toujours plus de mal à entrer dans l'eau quand il fait très chaud sur la plage, car nous percevons davantage l'écart de température que la température elle-même. Un professeur qui corrige des copies procède inconsciemment à une évaluation relative de chacune d'entre elles par rapport à la précédente. Cette théorie des contrastes ne s'applique pas simplement à nos perceptions du monde extérieur. Elle peut également avoir une influence sur les jugements que nous portons sur notre propre personne. Morse et Gergen[6] ont mené une expérience dans laquelle on faisait patienter un candidat à l'embauche dans une salle. Alors qu'il attendait, une autre personne, très bien habillée et d'apparence physique soignée, faisait son entrée. Un questionnaire destiné à déterminer l'estime de soi était distribué au candidat avant qu'il n'entre en entretien. On a mesuré que l'estime de soi diminuait lorsque le sujet était confronté à une personne tirée à quatre épingles, et qu'en revanche elle augmentait lorsqu'une personne à l'allure négligée entrait. Ayez donc toujours le réflexe de former vos jugements de façon objective, avec le moins de comparaisons possible.

Livre

ATTENTION ! Ne passez pas ce chapitre sans l'avoir lu ! Vous allez y découvrir un des plus grands tours de mentalisme : le fameux test du livre. L'expérience consiste pour l'artiste à donner l'illusion qu'il parvient à lire dans les pensées du spectateur un mot que ce dernier a simplement vu au hasard dans un livre. De très nombreux procédés existent pour parvenir à réaliser ce tour. Chaque grand mentaliste possède sa propre version, avec ses subtilités psychologiques spécifiques, sa présentation et sa méthode. Celle qui va vous être révélée ici a été volontairement simplifiée afin, d'une part, d'être réalisable par le plus grand nombre et, d'autre part, de ne pas saboter le travail de recherche d'artistes qui mettent parfois des années à maîtriser cette merveilleuse illusion. C'est grâce à une particularité du livre que vous êtes en train de lire en ce moment même que vous allez être en mesure de réaliser cette expérience. Vous avez certainement remarqué la présence d'un marque-page offert avec cet ouvrage, au verso duquel figure une liste de mots associés à des nombres. Chaque nombre correspond en réalité à un numéro de page, et chaque mot correspond au dernier mot de cette même page. Seuls les numéros de pages impaires ont été imprimés sur ce marque-page, ce qui va avoir son importance dans quelques instants. Un autre point essentiel, c'est que, sur votre livre, les numéros ont été imprimés dans le coin supérieur des pages. En le tenant en main droite, par la grande tranche, de façon à exposer la première page de couverture aux yeux d'un spectateur se trouvant en face de vous (le résumé au dos de la couverture est donc orienté face à vous), et en effeuillant les pages avec votre index gauche pour les faire défiler, vous pourrez donc en vous arrêtant sur une page, voir le numéro de la page paire situé sur le coin supérieur gauche de la page entrouverte. Le principe technique de ce tour est donc, dans un premier temps, de prendre discrètement connaissance du numéro de page sur lequel le spectateur vous arrête au moment où vous faites défiler les pages, pour ensuite prendre secrètement connaissance du mot correspondant sur la liste figurant au dos de votre marque-page. Vous allez utiliser en plus quelques subtilités psychologiques pour rendre ses procédures insoupçonnables. Comment prendre discrètement connaissance du numéro de la page ? Vous présentez votre livre à un ami en lui disant que vous aimeriez réaliser avec lui une petite expérience de transmission de pensée. Prenez alors le livre dans la position indiquée précédemment, et commencez à faire défiler les pages en détournant la tête pour ne pas regarder le livre. Votre ami va vous dire « stop » sur une double page que vous allez entrouvrir en gardant le livre dans la même position, et en tirant simplement un peu plus la page impaire vers vous avec l'index. À ce moment, vous tournez la tête pour regarder vers le bas du livre en disant à votre ami : «Tu vas regarder le dernier mot de cette page et le garder en tête. » Au même moment, vos doigts gauches glissent pour venir tapoter sur le bas de la page impaire, comme pour désigner que c'est bien celle-ci dont il s'agit (celle que vous ne pouvez pas voir). Le regard du spectateur va donc naturellement se diriger vers le bas de la page, ce dont vous allez profiter pour jeter un bref coup d'œil au numéro de la page se situant en face de vous (la page paire). Si vous voyez par exemple que le numéro de la page est 46, vous savez que votre ami est en train de lire le dernier mot de la page 47 ! Détournez de nouveau le regard, demandez-lui s'il a bien le mot en tête et refermez le livre. Il ne vous reste plus qu'à prendre connaissance du mot choisi en regardant secrètement la liste au dos du marque-page. Pour cela, vous pouvez cacher ce dernier derrière un support que vous allez utiliser dans votre présentation : derrière un bloc-notes qui vous servira à écrire le mot choisi, par exemple. Prenez le bloc-notes orienté vers vous, avec la liste collée en haut de la page, regardez le mot, écrivez-le et déchirez le bas de la page pour montrer le mot sans retourner le bloc. Ou encore, mettez-la au dos d'un autre livre que vous prendrez nonchalamment comme un appui pour placer une feuille de papier et écrire le mot choisi en le « lisant » progressivement dans la pensée de votre spectateur. Vous pouvez enfin employer la présentation suivante : il vous faut un dictionnaire dans lequel vous allez glisser le marque-page n'importe où. Ne le laissez pas dépasser, mettez-le vraiment au milieu et à la base des pages. Employez la même technique pour prendre connaissance du numéro de la page choisie puis présentez le dictionnaire à votre ami en lui disant que, quel que soit le mot qu'il a en tête, ce dernier se trouve forcément dans le dictionnaire. Expliquez-lui que vous allez parcourir au hasard le dictionnaire pour essayer de sentir quel mot il pourrait avoir en tête. Vous commencez à faire défiler les pages du dictionnaire en vous arrêtant au hasard sur certaines d'entre elles et en regardant les mots se trouvant dessus. En raison de l'épaisseur du marque-page, vous pourrez vous arrêter facilement à l'endroit où vous l'avez caché, car cette épaisseur créera une cassure que vous pourrez sentir au toucher. Orientez tout de même le dictionnaire face à vous pour ne pas que votre ami voie le marque-page. En faisant mine, comme auparavant, de regarder au hasard quelques mots, prenez connaissance du mot choisi par votre ami, puis passez cette page et rendez-vous pour finir à la page du dictionnaire sur laquelle se trouve réellement le mot choisi. Montrez-le ensuite du doigt à votre ami. Vous pourrez alors refermer le dictionnaire en laissant le marque-page caché à l'intérieur. Bien sûr, certains mots, comme les verbes conjugués, ne seront pas forcément présents dans le dictionnaire. Si votre ami a choisi le mot « débuta », désignez-lui le verbe « débuter », cela ne manquera pas de l'impressionner, car il aura le sentiment que vous avez réellement lu dans son esprit le sens du mot, et pas forcément le mot en détail, ce qui donnera plus de crédibilité à votre présentation.

Un air de Famille

NOUS PRÉFÉRONS ce qui nous ressemble. La similarité physique entre deux individus joue un rôle psychologique, en contribuant à augmenter la confiance réciproque, l'esprit d'entraide et l'attirance. Une série d'expériences conduites par Lisa DeBruine[7] montre que nous faisons inconsciemment davantage confiance aux gens qui ressemblent non pas à un visage familier, mais qui nous ressemblent physiquement. Ce phénomène peut expliquer en partie la méfiance que peuvent avoir, par réflexe psychologique, certaines personnes envers des populations immigrées. C'est surtout une façon pour nous d'expliquer comment il nous arrive de faire confiance à un inconnu, sans raison apparente. Sachez-le : si vous souhaitez obtenir quelque chose d'une personne que vous ne connaissez pas, dirigez-vous vers quelqu'un qui vous ressemble...

Calibration et synchronisation

EN PNL, ON A OBSERVÉ que la communication entre deux individus était plus intime, plus efficace, si les interlocuteurs se trouvaient inconsciemment dans une sorte de « synchronisation » gestuelle, verbale et émotionnelle. Si vous voulez entrer dans un échange réellement intense, il est parfois utile d'observer attentivement l'autre, pour relever la position de son corps, sa gestuelle, ses micro-comportements (mimiques du visage, rythme de sa respiration), qui sont des indicateurs de son état psychologique. Vous devez également être attentif au timbre de sa voix ainsi qu'aux mots qu'il emploie pour déterminer son système sensoriel privilégié (est-il plutôt visuel, auditif ou sensitif ?). Ensuite, vous devez vous synchroniser, en adoptant une gestuelle, un vocabulaire et un comportement général semblables aux siens. Vous devez également communiquer avec lui en prenant pour référence son système de perception privilégié. Attention, tous les formateurs et les spécialistes de la PNL mettent en garde contre l'application mécanique de cette approche. Elle n'est destinée qu'à renforcer une relation avec autrui. En l'appliquant de façon systématique, on annule tout le naturel et la spontanéité de l'échange et on risque même d'agacer fortement l'interlocuteur s'il remarque une synchronisation exagérée. À l'inverse, si vous repérez quelqu'un qui tente de se synchroniser excessivement à vous, méfiez-vous, il cherche peut-être à vous influencer en créant une proximité artificielle. Il est donc préférable d'absorber ce modèle comme une attitude générale d'ouverture vers les autres, pour mieux être à leur écoute et mieux communiquer avec eux. Observez les gens dans les lieux publics autour de vous. La synchronisation se fait spontanément entre des amoureux à la table d'un restaurant ou des bons amis qui discutent assis sur un banc. Essayez cette petite expérience la prochaine fois que vous serez dans une soirée. Repérez une personne que vous souhaiteriez aborder et commencez à vous synchroniser à elle subtilement, en reprenant quelques éléments de sa gestuelle. Cette synchronisation attirera inconsciemment son attention et facilitera l'entrée en contact...

Illusions d'optique

PAS BESOIN D'ÊTRE INFLUENCÉ par nos semblables pour subir une modification de notre perception. Nous nous « auto-illusionnons » en permanence. Un bon exemple de ce phénomène est constitué par les illusions d'optique. Voilà pourquoi vous portez des vêtements avec des lignes verticales, qui allongent votre silhouette, et non pas des lignes horizontales, qui vous grossissent. Les illusions d'optique surviennent naturellement, par une erreur d'interprétation de notre cerveau dans le processus d'analyse de notre environnement, ou par des astuces visuelles destinées à dérouter nos perceptions. Voici quelques grands principes optiques, qui contribuent à biaiser l'analyse que notre cerveau effectue d'une image.

L'illusion subjective de Kanizsa : vous voyez un triangle blanc qui se détache du fond sur cette figure, pourtant, il n'existe pas ! Notre cerveau prolonge inconsciemment les lignes créées par le contraste entre le blanc et le noir. Le blanc est accentué au contact de régions voisines sombres (les cercles noirs), ce qui lui donne du relief et crée cette figure dans votre esprit.

Illusion du dégradé (illusion D'Oppel Kundt) : la perception des couleurs est influencée par les couleurs de l'environnement. Dans l'image ci-contre, le bâtonnet gris semble plus foncé lorsqu'il est sur un fond plus clair, et plus clair lorsqu'il est mis en relation avec une couleur plus foncée. En réalité, la couleur du bâtonnet est la même partout.

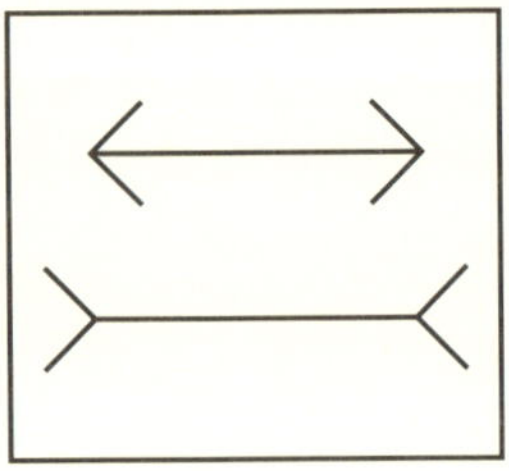

Les illusions d'angles (illusion de Müller-Lyer) : nous sommes habitués à visualiser des angles droits. Par réflexe psychologique, nous avons donc tendance à surestimer les angles aigus, et sous-estimer les angles obtus, comme pour rééquilibrer nos perceptions. C'est ce phénomène qui est responsable de l'illusion ci-contre. Ici, la ligne horizontale entourée d'angles obtus (en bas) paraît plus grande que celle entourée d'angle aigus (en haut), alors qu'en réalité, elles ont la même taille.

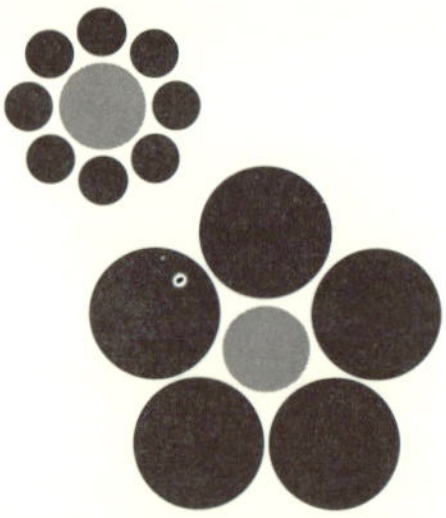

La mise en relation de grandeur (illusion de Tichener) : comme pour les couleurs, l'évaluation de la taille d'un objet est influencée par la taille des objets environnants. Ainsi, le cercle central paraît plus gros à côté d'autres cercles plus petits, alors que les deux cercles centraux sont de la même taille.

Si nos perceptions visuelles peuvent être influencées, ce que nous voyons peut aussi influencer nos autres perceptions. Une petite mallette qui pèse 5 kilos semblera plus lourde qu'une grosse valise du même poids. Pourquoi ? Parce que nos habitudes visuelles provoquent chez nous un réflexe d'anticipation : lorsque nous voyons la grosse valise, nous nous imaginons qu'elle doit être lourde, et, quand nous la soulevons, le contraste entre l'anticipation et la réalité nous donne une impression de légèreté. Inversement pour la mallette.

Mot(s) de passe

Pour un pirate informatique, il est bien plus utile d'obtenir des informations personnelles sur quelqu'un que de maîtriser un logiciel de calcul de mot de passe. En effet, des études montrent que la plupart des gens utilisent comme mot de passe leur prénom, celui de leur conjoint ou même celui de leur animal de compagnie. Les dates ont également la cote (les utilisateurs choisissent leur date de naissance ou celle de leurs enfants). Il est évident que pour des raisons de mnémotechnie nous utilisons par réflexe psychologique des mots de passe qui ont un sens pour nous, mais il est tout de même possible de les rendre plus impénétrables. Voici quelques règles à suivre : pas de mot du dictionnaire, il suffirait de tous les tester un par un pour le trouver. Privilégiez les mots de passe longs, qui mélangent chiffres, caractères spéciaux, lettres majuscules et minuscules. N'utilisez pas de répétition du type « 0000 ». Enfin, n'utilisez pas qu'un seul mot de passe. Les pirates ont recours à de faux sites Internet de jeux-concours, qui nécessitent pour l'utilisateur de créer un identifiant et un mot de passe : comme la plupart des gens ont un seul mot de passe pour toutes leurs activités, il est très facile de le récupérer sur un tel site pour pouvoir ensuite pénétrer les données personnelles de la victime. Les pirates sont parfaitement conscients de ces réflexes psychologiques qui nous font choisir un mot de passe, et possèdent les armes pour les deviner facilement.

Voici une méthode, dite des phrases-clefs[8], pour créer un mot de passe à partir d'associations d'idées. Prenez une phrase que vous retenez facilement, comme un titre de film ou de chanson ou une expression de la vie courante, comme par exemple : *Morgane de toi* (célèbre chanson de Renaud). Prenez la première lettre de chaque mot, en conservant les majuscules (Mdt), et collez derrière le nombre de lettres composant chaque mot (7, 2, 3), ce qui vous donne le mot de passe suivant : « Mdt723 ». Autre exemple, prenez un groupe de mots et faites-en une phrase phonétique : « Jessica sourit pour cent points » donnera : « g6k)%. » (la parenthèse symbolise le sourire). En pensant simplement à une phrase, vous pouvez ainsi confectionner un mot de passe complètement abstrait et très difficile à percer puisque dépendant d'un raisonnement psychologique qui vous est propre.

Les moutons ont toujours raison

AVEZ-VOUS DÉJÀ REMARQUÉ la façon dont sans réfléchir, les automobilistes se placent tous dans la même file d'attente à l'arrivée d'un péage, alors que d'autres files restent vides ? Avez-vous déjà fait cette blague quand vous vous trouviez avec une bande d'amis dans la rue : vous levez tous la tête dans la même direction. Tous les passants font alors de même. En revanche si vous faites cette expérience tout seul, très peu de gens regarderont dans la même direction que vous. Car plus le nombre de personnes à lever la tête est grand, plus le nombre de passants qui les imitent le sera aussi. Ces deux expériences illustrent une illusion psychologique appelée « preuve sociale ». L'attitude du plus grand nombre nous influence en nous donnant un comportement à adopter de façon inconsciente. Comme le dit Robert Cialdini : « La vérité, c'est les autres. » Les exemples de preuve sociale dans la vie quotidienne sont extrêmement nombreux : les boîtes à rire dans les séries télé, l'avis du public pour gagner des millions... Les affiches pour des spectacles vantant le nombre de spectateurs ayant déjà assisté aux représentations (« Déjà 200 000 spectateurs ! ») sont un argument de vente puissant, car elles manipulent nos jugements (« Si tout le monde est allé voir ça, c'est que ça doit être génial ! »). Certaines boîtes de nuit ont payé des figurants pour constituer de fausses files d'attente devant l'établissement, attirer l'attention des passants et ainsi leur donner envie d'entrer. « Un restaurant plein doit être bon, puisqu'il est plein. » Cette notion est aussi utilisée à des fins malhonnêtes. Avez-vous déjà assisté dans la rue à une partie de bonneteau (le jeu des trois cartes où il faut trouver la rouge) ? Des complices sont toujours présents pour miser sur une carte et gagner, ce qui vous incite à jouer. Lorsque deux complices poseront leur billet sur la même carte, vous les suivrez très certainement et perdrez votre argent, car ils auront fait exprès de miser sur la mauvaise sachant que vous alliez les suivre. Les sectes utilisent aussi cette technique de manipulation psychologique. En effet, plus elles parviennent à réunir d'adeptes, plus ceux qui sont déjà embringués seront confortés dans leurs croyances, ce qui les empêche de douter du bien-fondé des théories fumeuses que les gourous tentent de leur inculquer. Socialement, cet effet de preuve sociale peut avoir un impact sur un échange d'opinions. Dans une réunion, par exemple, il nous arrive d'avoir peur d'avancer un argument ou un point de vue lorsque nous sentons que la majorité des intervenants partage une vision différente de la nôtre. Pourtant, il peut être judicieux de ne pas se conformer à cette influence sociale, car un argument contradictoire, s'il est formulé avec les bons codes de communication, peut créer une ouverture dans l'esprit des interlocuteurs et permettre à votre idée de faire son chemin à long terme. Il vaut mieux énoncer une idée minoritaire que de ne rien dire du tout !

Langage et mensonge

COMMENT DÉTECTER UN MENSONGE dans les mots d'un interlocuteur ? Lorsqu'un menteur vous raconte une histoire, celle-ci est souvent superficielle et présente des éléments incohérents. Si vous le faites répéter ou que vous lui demandez des détails, il est très probable qu'il vous redonnera exactement la même description qu'auparavant, ou que, pire même, il oubliera certains éléments qu'il avait inventés et vous donnera une version encore plus superficielle que la première fois. Quand nous relatons quelque chose, nous avons l'habitude d'en référer beaucoup à nous-mêmes, d'exprimer nos sensations et nos interactions avec les autres protagonistes. Le menteur, lui, utilise peu les mots « je » ou « moi », pour prendre de la distance par rapport à son histoire. Il emploie des termes tels que « vraiment », « sérieusement », « honnêtement » pour compenser psychologiquement le manque de vérité de son discours. Son débit de paroles ralentit car il doit imaginer, en même temps qu'il vous parle, la suite de son mensonge. Si vous lui posez une question et qu'il trouve rapidement une fausse réponse à vous donner, il va brusquement accélérer son débit de paroles pour vous prouver qu'il dit la vérité : soyez donc attentifs aux variations de rythme, tout comme au timbre de sa voix. En effet, mentir a une incidence physiologique sur le rythme cardiaque, le flux sanguin, la respiration, autant d'éléments qui peuvent contribuer à modifier ses intonations. En revanche, si vous notez les éléments suivants dans un discours, vous pourrez légitimement penser qu'on vous dit la vérité : l'interlocuteur saute de façon déstructurée et anachronique d'un détail à l'autre ; cela veut dire que ces détails lui reviennent au fur et à mesure de son récit. Il fait de nombreuses références au contexte ainsi qu'à l'état d'esprit dans lequel il était au moment où l'événement qu'il vous raconte s'est produit. Il s'implique dans l'histoire. Il corrige spontanément son récit. En général, le menteur veut vous raconter une histoire parfaite, sans faille. Celui qui se corrige de lui-même n'a rien à se reprocher. Si vous avez un doute sur la véracité d'une histoire que l'on vient de vous raconter, vous pouvez employer la technique suivante[9] : posez au narrateur une question qui montre que vous connaissez un détail évident de l'histoire, en vous assurant que le détail que vous avancez est faux, sans que votre interlocuteur ne le sache. Par exemple, s'il vous explique qu'il est allé quelque part en voiture et que vous en doutez, dites-lui que vous avez entendu à la radio qu'il y avait eu un embouteillage consécutif à un accident à cet endroit. Observez alors sa réaction. S'il vous racontait la vérité, il vous dira immédiatement, très étonné, que ce n'était absolument pas le cas. S'il vous a menti, il ne saura pas comment traiter cette information. Il hésitera, ne connaissant pas la réponse puisqu'il n'était pas là. Pire, il confirmera pour tenter de vous prouver qu'il était bien présent à cet endroit. La meilleure façon de ne pas avoir à déceler un mensonge reste de le prévenir en utilisant des questions fermées et précises. Imaginez que vous vouliez acheter une voiture d'occasion (encore !) et que vous souhaitiez savoir dans quel état se trouve le véhicule. Si vous demandez au vendeur : « *Comment est-elle ?* », il pourra vous faire une description orientée vers les points positifs et vous mentir par omission sur une éventuelle pièce défaillante. En revanche, si vous lui demandez : « *Y a-t-il des pièces à changer ?* », il ne pourra répondre de façon claire que par « *oui* » ou « *non* », ce qui rendra un mensonge frontal beaucoup plus difficile à assumer.

10% du cerveau...

« NOUS UTILISONS 10% DE NOTRE CERVEAU. » Vous avez sûrement entendu cette phrase au moins un millier de fois, de source sûre, appuyée par des études scientifiques... Et pourtant ce postulat est faux à 100 % ! Il est tout à fait normal que cette légende ait pu être véhiculée à grande échelle car, avec elle, sont véhiculés croyances et espoirs. En effet, cela voudrait dire que nous avons une capacité à développer de façon presque magique des facultés mentales inexplorées, voire des pouvoirs cachés dans notre esprit. Évidemment, cette croyance fait le bonheur des médiums et des sectes, qui peuvent ainsi embringuer dans leurs rituels de développement personnel les victimes crédules et fragilisées. Bien au contraire, les techniques scientifiques en constante évolution, qui permettent d'étudier le cerveau de plus en plus précisément, montrent que la totalité des zones de cet organe est bien utilisée et que l'ensemble de vos petits neurones est en effervescence permanente.

Pupilles

NOS PUPILLES, qui se dilatent ou se rétractent en fonction de l'intensité de la lumière, réagissent également à des processus émotionnels et mentaux. Elles constituent un indicateur de l'impact que peuvent avoir les informations dont nous sommes bombardés en permanence. Elles se dilatent par réflexe lorsqu'un élément visuel est perçu positivement (image agréable ou affiche publicitaire qui attire notre attention). Une personne aux pupilles dilatées sera inconsciemment perçue comme plus attirante. Certains illusionnistes observent attentivement les changements émotionnels qui surviennent chez le spectateur en prêtant attention aux mouvements de leurs pupilles. Ils parviennent ainsi à déterminer si la carte qu'ils viennent de « lire » dans leur pensée est la bonne ou pas. Lorsqu'une personne entre dans un état de nervosité ou d'excitation par rapport à ce qu'elle vient de voir ou d'entendre, ses pupilles se dilatent. Voici une petite expérience que vous pouvez faire : placez quatre objets sur une table, demandez à quelqu'un de les regarder un par un pendant quelques secondes et de penser à l'un de ces objets. Demandez-lui ensuite de vous regarder, et présentez-lui les quatre objets un par un. Vous constaterez que ses pupilles se dilateront à la vue d'un objet : celui choisi mentalement au départ ! Il vous faudra de la pratique avant d'être capable de déceler un mouvement parfois à peine perceptible. Vous pouvez augmenter votre pourcentage de succès en demandant tout d'abord à votre cobaye d'associer à la vue de l'objet choisi une image agréable ou le prénom d'une personne chère. Lorsqu'elle verra cet objet, elle devra penser à cette image ou au prénom. Il est également conseillé de présenter cette expérience avec une source de lumière située dans votre dos : la lumière viendra donc directement dans les yeux du spectateur, ce qui aura pour effet de rétracter ses pupilles. Vous pourrez plus facilement percevoir la dilatation. Enfin, choisissez un sujet aux yeux clairs, vous distinguerez mieux ses pupilles.

La rumeur

LA RUMEUR EST UNE ARME psychologique moderne, utilisée dans les plus hautes sphères sociales et commerciales. En privé, elle est utilisée pour nuire à quelqu'un que l'on ne peut pas atteindre physiquement. Dans le milieu de l'entreprise, elle est utilisée lorsqu'une société ne peut pas entrer en lutte frontale avec une autre sur un plan purement commercial. La technique consiste alors à salir l'image des produits ou du dirigeant adverse pour influencer le comportement des consommateurs. Peu importe qu'elle soit fausse ou vraie, l'important c'est la façon dont la rumeur va être perçue et véhiculée par les masses. Une bonne rumeur est fondée sur des stéréotypes. Il faut en effet qu'elle s'inscrive dans des croyances communes comme, par exemple, les jugements arbitraires des caractéristiques de tel ou tel peuple, ou les clichés associés à certaines professions. Cette règle permet de donner de la crédibilité à la rumeur et donc de faciliter sa propagation. Il faut également que les gens éprouvent une satisfaction à la raconter. Elle peut provenir du fait de détenir un secret et d'être valorisé par la révélation de celui-ci, ou du fait de se décharger d'une information stressante et trop lourde à porter. En général, ses victimes, que ce soit dans la sphère professionnelle ou privée, utilisent la technique du démenti. Ils mettent toute leur énergie à prouver, en argumentant de manière sensée, que le bruit qui court est faux. Ils présentent des éléments matériels supposés appuyer leur démonstration. Or, le démenti est certainement la technique la moins efficace pour enrayer le phénomène. Tout d'abord parce qu'elle fait peser sur la victime une suspicion supplémentaire (« s'il se justifie, c'est qu'il a quelque chose à se reprocher »).

Ensuite, le démenti attire l'attention, médiatise l'accusation et donc contribue à la propager, ce qui aboutit à l'effet inverse de celui souhaité. Enfin, le démenti se heurte à la nature humaine, car il crée un affrontement entre la passion et la raison, l'argumentation et les croyances. Nous connaissons bien le résultat du combat... Pour enrayer une rumeur, il est plus judicieux d'employer à son tour des armes psychologiques. Dans le milieu de l'entreprise, les responsables de la communication décident souvent de déclencher un autre bruit, qui généralise l'accusation qui leur est portée au secteur entier : le on-dit qui les concerne s'en trouve alors dilué. Ils peuvent également détourner l'attention en faisant partir un ragot concernant une autre personne ou une autre société. Ou encore, ils lancent une rumeur contradictoire à propos de leur propre dirigeant qui annule en quelque sorte la première. Dans la sphère privée, une bonne technique, si vous êtes victime d'une rumeur, consiste à utiliser la psychologie inversée en amplifiant volontairement la chose au point de la décrédibiliser. Les gens auront le sentiment que, puisqu'il est évident que cette exagération est impossible et fausse, la rumeur initiale devait très certainement l'être aussi.

Droitier ou gaucher en pantalon ?

DERRIÈRE CE TITRE CURIEUX se cache une astuce pour déterminer si une personne est droitière ou gauchère : observez sa boucle de ceinture. La pointe métallique qui traverse le cran est orientée vers la main gauche pour le gaucher, et droite pour le droitier. L'explication est simple : un droitier serre sa ceinture de la main droite, et passe donc la pointe avec la main gauche. La pointe se trouve alors dirigée vers la droite. Inversement pour le gaucher.

Cold Reading

EN 1949, FORER[10] mit en avant la notion d'effet « Barnum », du nom du fondateur du cirque, qui disait que chacun des spectateurs présents dans une audience doit avoir l'impression que le spectacle a été écrit pour lui. Cette technique de manipulation psychologique, également appelée « *cold reading* » (lecture à froid), consiste à décrire apparemment très précisément une personne, en employant des affirmations très vagues qui peuvent correspondre à tout le monde, mais que chacun va interpréter en fonction de sa personnalité, de son expérience et des événements qui marquent sa propre vie. Voici quelques exemples de phrases que vous pourrez apprendre par cœur et qui donneront à votre interlocuteur l'illusion que vous avez une excellente faculté à ressentir la personnalité d'autrui :

- « Même si vous avez conscience de posséder certaines qualités et que vous êtes capable d'avoir confiance en vous, vous doutez parfois de vos décisions » ;
- « Vous avez parfois l'impression de ne pas utiliser toutes les ressources qui sont en vous » ;
- « Vous êtes quelqu'un de droit et franc, mais vous gardez souvent la vérité pour vous pour ne pas blesser ceux que vous aimez... » ;
- « Vous avez souvent l'impression que vos envies sont irréalisables, mais dans votre cas précis, contrairement à beaucoup de gens, cela vous motive... ».

Forer fit une expérience : il fit passer un test bidon à un groupe d'étudiants en leur promettant de leur remettre à chacun, après analyse des résultats, un texte décrivant leur personnalité. À l'insu des étudiants, il leur donna le même texte (tiré d'un horoscope et composé du même genre de phrases que celles écrites plus haut) en leur demandant d'en évaluer, sur une échelle de 1 à 5, la pertinence à leur égard. La moyenne des notes fut de 4,26 sur 5 ! Ce test est encore utilisé aujourd'hui par de nombreux scientifiques et « démasqueurs de charlatans », et il obtient toujours les mêmes résultats... Le « *cold reading* » est la discipline centrale des démonstrations des magiciens qui parviennent à donner l'illusion au public qu'ils devinent des informations personnelles. Ce qui est plus inquiétant, c'est que cette même technique psychologique est aussi au centre des démonstrations de voyance ou d'astrologie. Elle est également utilisée pour vous décrire votre profil à l'issue de nombreux tests de personnalité proposés dans certains magasines. Beaucoup de gens connaissent ce phénomène mais continuent pourtant à croire au sixième sens des voyants, ou aux prédictions des astrologues. L'effet Barnum permet de produire une réaction troublante chez le sujet crédule qui, la plupart du temps, veut croire et refuse d'admettre que les affirmations le concernant peuvent s'appliquer à n'importe qui. De par sa réaction forte aux affirmations qui lui sont faites, le sujet donne inconsciemment des éléments qui permettent au voyant d'affiner ses phrases (noms ou liens de parenté de personnes disparues, dates importantes, voyages, acquisitions, etc.). Enfin, vous remarquerez que les affirmations font toujours une description positive du sujet. Cette tactique, qui repose sur notre goût pour la flatterie, renforce l'adhésion du sujet aux dires du voyant. Vous voulez tester la crédulité des gens concernant l'horoscope ? La prochaine fois que vous vous trouvez en présence d'un défenseur de l'horoscope, proposez-lui de lui lire le sien dans un magasine au hasard. Lisez-lui un paragraphe concernant un autre signe que le sien et admirez la façon dont la personne vous dira qu'elle se retrouve exactement dans ce texte...

Ne clignez plus des yeux !

LE CLIGNEMENT DES YEUX est un très bon indicateur non verbal. Il semble que sa fréquence soit liée au degré de notre stress mental, c'est-à-dire à l'intensité avec laquelle nous avons à traiter l'information dans notre esprit, et la complexité du processus. Nous clignons des yeux en moyenne vingt fois par minute. Si vous voyez la fréquence des battements de cils de votre interlocuteur augmenter au moment où il répond à une de vos questions, vous pourrez supposer que celle-ci provoque une intense activité cérébrale de sa part ; soit parce qu'elle le captive, soit parce qu'elle est complexe, soit parce qu'il fait un effort d'imagination pour vous mentir... À vous de voir !

Le maître des maîtres

LES ÉCHECS SONT PROBABLEMENT, avec le poker, le jeu où les adversaires entrent le plus en lutte psychologiquement. Au cours d'une partie, la fréquence cardiaque d'un joueur peut avoisiner celle d'un coureur de 400 mètres. Les opposants, conscients qu'une victoire leur donnera un ascendant psychologique sur tous les affrontements suivants, n'hésitent pas à user d'intimidations et de stratégies visant à déstabiliser leur adversaire. Certains joueurs portent volontairement lors de leur match une cravate aux couleurs ou aux motifs clinquants ou psychédéliques pour perturber la vision de leur adversaire et l'empêcher de se concentrer pleinement sur le jeu... Voici à présent une des plus belles subtilités utilisées en mentalisme qui prouve à quel point on peut réussir à déstabiliser plusieurs esprits humains très développés : ceux des grands joueurs d'échecs. Le principe pour l'illusionniste est de parvenir à jouer en même temps un nombre important de parties, même contre des très grands maîtres, en étant assuré de faire au moins égalité sur l'ensemble des parties, c'est-à-dire d'avoir au moins autant de victoires que de défaites. Et vous pouvez même réaliser cette expérience en ne connaissant rien aux échecs ! Imaginons que vous jouiez contre deux joueurs en même temps (faisons simple pour commencer !). Pour des raisons de concentration, chaque joueur se trouve à une table séparée, et vous passerez alternativement de l'une à l'autre pour jouer vos coups. L'un de vos adversaires aura les blancs (il commence donc à jouer), et l'autre les noirs (il jouera en deuxième). En réalité, vous allez faire jouer ces deux joueurs, l'un contre l'autre ! Le joueur qui a les blancs engage et déplace un pion. Vous faites mine de prendre le temps de la réflexion et vous allez voir l'autre joueur, qui, lui, a les noirs. Vous allez alors jouer votre premier coup face à ce deuxième joueur, en jouant exactement le même coup que votre premier adversaire a joué face à vous. Votre deuxième adversaire va répliquer par un coup, que vous allez reproduire face au premier, et ainsi de suite. La partie ne pourra avoir alors que trois résultats : le premier gagne, le deuxième perd ; le deuxième gagne, le premier perd ; les deux font match nul. Vous êtes donc assuré de faire soit deux matchs nuls, soit une victoire et une défaite ! Pas mal si vous jouez contre de très bons joueurs ! Vous pouvez appliquer la même technique à un nombre de joueurs bien plus grand. Dix joueurs : vous faites jouer le 1 contre le 6, le 2 contre le 7, le 3 contre le 8, et ainsi de suite, en vous assurant bien que, dans la paire d'adversaires virtuelle que vous formez, l'un ait bien les blancs et l'autre les noirs. Vous obtiendrez toujours une égalité sur l'ensemble des parties, quel que soit le nombre de joueurs. Cette expérience a énormément d'impact sur les joueurs d'échecs, particulièrement s'ils sont très bons, car ils savent à quel point il est primordial de se concentrer sur un échange et de visualiser un grand nombre de coups à l'avance. Il leur paraîtra donc impossible de pouvoir mener autant de parties à la fois.

25e image

LE MYTHE DE L'IMAGE INVISIBLE À L'ŒIL NU mais traitée par notre cerveau est bien réel. Nous pouvons percevoir des informations visuelles sans en être conscients, sous forme de mots ou d'images, et en être influencés dans nos comportements. Reste à savoir dans quelle mesure. Car si ce concept d'image subliminale est très connu aujourd'hui, les effets réels provoqués sont souvent exagérés. Certains prétendent que les messages subliminaux ont un fort impact, or la majorité des expériences menées sur le sujet tendent à relativiser le phénomène. La brièveté même de l'exposition de l'image ne permet pas à notre cerveau de traiter un groupe de mots trop long ou trop compliqué. Les prétendus messages subliminaux, qui auraient été diffusés au cinéma pendant les films, dans les années 1950, pour augmenter la consommation de Coca-Cola dans les salles, ne sont qu'un canular. Avec une image simple, on peut tout au plus activer un besoin déjà existant, mais en aucun cas créer un besoin. Si quelqu'un a soif, l'image subliminale d'une bouteille déclenchera peut-être dans son inconscient une envie encore plus forte de boire, mais elle ne pourra pas lui donner envie de consommer une marque de boisson spécifique. Rassurez-vous donc, vous pouvez regarder la télé tranquillement, les méchantes multinationales ne pourront pas vous influencer psychologiquement à acheter leurs produits grâce à une image subliminale.

Astuces téléphoniques

ET MAINTENANT, QUELQUES PETITES ASTUCES pour déjouer les pièges du téléphone.

Comment forcer psychologiquement le barrage de la secrétaire ? Lorsque vous demanderez à parler à quelqu'un, la plupart du temps vous aurez des réponses du type : « *C'est à quel sujet ? C'est de la part de qui ?* » Soyez volontairement assez vague sur la raison de votre appel, ainsi que sur votre fonction. La secrétaire ne vous filtrera pas d'entrée de jeu, car elle pourrait mal évaluer l'importance de votre coup de fil ou de votre poste et commettre une erreur en ne transmettant pas l'appel. En revanche, si vous ne faites pas mouche, elle vous balancera un : « *Monsieur Machin est occupé, il vous rappellera.* » L'astuce consiste à responsabiliser la secrétaire et à la valoriser en lui demandant son avis ou un conseil. Répliquez-lui un : « *Très bien, madame. À votre avis, à quel moment puis-je rappeler monsieur Machin ?* » Elle vous donnera une date et une heure. Rappelez à ce moment-là et dites : « *Bonjour, madame, je suis... Vous m'aviez conseillé de rappeler monsieur Machin aujourd'hui, pouvez-vous me le passer ?* » Une autre technique très efficace consiste à donner l'impression que vous connaissez bien la personne que vous demandez, et surtout, que cette personne vous connaît bien. Comment ? Dites une phrase du genre :
« *Bonjour, pourrais-je parler à Jean-Pierre... Machin ?* », en marquant une pause entre le prénom et le nom, comme si vous aviez l'habitude d'appeler par son prénom la personne que vous demandez, mais que vous aviez ajouté le nom pour que la secrétaire comprenne. Enchaînez avec : « *De la part de...* » Et donnez votre prénom uniquement. Cela donnera l'impression que la personne VOUS connaît. La secrétaire vous demandera sûrement de préciser votre nom, mais la sensation sera créée. Si la personne au bout du fil ne vous connaît pas ou qu'elle ne souhaite pas vous parler, elle ne pourra toutefois pas vous reprocher d'avoir menti

à la secrétaire, car si vous analysez ces deux phrases, vous avez donné vos nom et prénom, et ceux de votre interlocuteur, comme dans tout appel téléphonique respectant les règles de politesse. La différence se situe uniquement dans la façon d'annoncer l'information. Enfin, comment augmenter considérablement vos chances d'être rappelé ? La stratégie la moins efficace, et pourtant la plus utilisée, consiste à vouloir donner un caractère urgent ou important à votre message. Cela crée un ennui, une complication ou un stress pour votre interlocuteur. Les messages les plus efficaces sont ceux qui contentent notre nature humaine : c'est-à-dire la curiosité et l'estime de soi. Laissez un message qui met en valeur la personne tout en restant vague. Elle le percevra alors comme positif pour elle, dénué de problème, sans toutefois savoir précisément de quoi il s'agit. Si l'objet du message est trop explicite, votre interlocuteur pourra le classer sur une échelle d'importance, et donc reporter son rappel à plus tard. Un message sans précision provoque chez votre interlocuteur un doute sur son importance. C'est la même chose lorsque vous êtes au téléphone avec un ami et que vous prenez pourtant un double appel masqué : le mystère vous fait penser que l'appel pourrait être important. Préférez donc des phrases telles que :

« C'est toi qui avais raison en fait ! Rappelle-moi et on en parle. »
« Je suis sûr que tu vas adorer ! Je t'expliquerai de vive voix. À tout à l'heure. »
« C'est vraiment gentil ce que tu as fait. Rappelle-moi, j'aimerais te remercier de vive voix. »

Photo mentale

IL EST AMUSANT DE CONSTATER que si l'on vous demande de vous imaginer en train de réaliser une action (ouvrir votre portière de voiture, par exemple), de vous concentrer sur cette image, de visualiser la voiture, la façon dont vous êtes habillé et ce qui vous entoure, vous vous représenterez très certainement une image dans laquelle vous vous voyez comme si vous étiez à l'extérieur de votre corps. Normalement, vous devriez imaginer une scène dans laquelle vous voyez à travers vos propres yeux ! Vous devriez voir autour de vous, observer votre main enfoncer la clef dans la serrure. Cette petite expérience nous montre que, pour se souvenir précisément d'une image, il est nécessaire d'avoir une vue d'ensemble de la situation, et donc de créer de toutes pièces une autre image que nous ne pourrions théoriquement jamais voir.

Moins de 5 minutes

C'EST LE TEMPS QU'IL FAUT à une personne que vous rencontrez pour la première fois pour se faire une idée de votre personnalité. C'est un peu court, et assez injuste, car on imagine bien que cette évaluation hâtive peut facilement conduire à des erreurs de jugement. Néanmoins, c'est la nature humaine, et nous devons apprendre à faire avec. Entretien d'embauche, visite d'appartement, rencontre avec des clients... Les situations où nous devons convaincre sont multiples, et le temps que nous avons pour faire une bonne première impression est très court. Il semble que les facteurs inconscients qui déterminent le premier jugement d'une personne à votre égard soient : tout d'abord la façon dont vous lui serrez la main. Des études menées par Chaplin[11] montrent que les poignées de main fermes (sans être écrasantes) font meilleure impression que les poignées molles : en effet, elles véhiculent une impression de dynamisme et d'optimisme. Elles font encore meilleure impression lorsqu'elles sont accompagnées d'un regard franc, yeux dans les yeux. Évidemment, le sourire, de par son aspect communicatif et sa capacité à changer l'état d'esprit de votre interlocuteur, favorise la perception d'une ouverture, d'une acceptation. Il est très important de réussir à transmettre cette ouverture dès le début d'un échange, car tout ce qui se dira ensuite passera par ce filtre des cinq premières minutes et permettra ainsi une communication plus agréable et plus intense. Contrairement au proverbe, il est également important de savoir que « l'habit fait bien le moine ». La tenue vestimentaire constitue une part extrêmement importante du facteur visuel. La première impression que votre interlocuteur aura de vous est l'image physique que vous lui donnerez, il est donc primordial d'être habillé en fonction des circonstances. Enfin, il est clair que la perception de votre interlocuteur peut être influencée avant même que vous ne le rencontriez. Si cette personne a entendu parler de vous en bien, l'a priori sera plus favorable, l'entrée en matière aussi. Ces cinq premières minutes auront en revanche dix fois plus d'importance si votre interlocuteur a un a priori négatif à votre égard, car c'est sur cet unique laps de temps que vous pourrez réussir à modifier sa perception. En effet, au début de l'échange, votre interlocuteur cherchera des confirmations de ce qu'il croit savoir de vous. S'il n'en trouve pas, il pourra changer d'avis. En revanche, s'il ne change pas d'opinion dans cette courte période, il sera plus difficile ensuite de modifier ses préjugés dans la mesure où ils auront été confirmés.

Pied dans la porte

Le « PIED DANS LA PORTE[12] » est l'une des techniques de persuasion les plus étudiées en psychologie sociale. Elle consiste pour le manipulateur à demander à sa victime, un service que peu de gens refuseraient, pour ensuite lui en demander un autre beaucoup moins anodin. L'idée étant que sans l'acceptation du premier, le deuxième aurait très peu de chances d'être accepté. Un exemple[13] : si vous demandez d'emblée une cigarette ou un euro à quelqu'un dans la rue, vous les obtiendrez difficilement. Si, en revanche, vous demandez d'abord l'heure ou votre chemin à votre interlocuteur, vous augmenterez considérablement vos chances d'obtenir votre euro. Cette technique est très souvent employée pour les sollicitations aux dons : on vous demande dans un premier temps de signer une pétition pour une cause, tout à fait légitime par ailleurs, puis, une fois votre signature apposée, on vous demande si vous ne voudriez pas donner un « petit quelque chose ». Pourquoi cette technique nous influence-t-elle psychologiquement ? Parce que si nous répondons positivement à une première demande, nous nous engageons inconsciemment. Si, par la suite, nous refusons la seconde requête, nous nous mettons en désaccord avec notre image et nous aurons le sentiment de manquer de constance. Or, personne n'aime se présenter ainsi. Vous êtes donc prévenus : en vous faisant accepter un petit service, un manipulateur se prépare peut-être à vous demander quelque chose de plus contraignant et s'attend à ce que vous accédiez à sa demande. Accepter de rendre un petit service ne vous oblige en aucun cas à dire oui à tout. Il vaut mieux manquer de constance aux yeux d'un inconnu qui vous en demande trop, plutôt que de vous retrouver en mauvaise posture en acceptant l'inacceptable !

1 – 50 ?

VOICI UN TEST que beaucoup de mentalistes pratiquent et qui illustre bien l'utilisation de subtilités psychologiques dans la magie. L'illusionniste prend un morceau de papier et écrit quelque chose dessus, avant de dire : « *Nous allons tenter une expérience de transmission de pensée. Je suis en train de penser à un nombre entre 1 et 50. C'est un nombre à deux chiffres, ces deux chiffres sont tous les deux impairs, et ils sont différents. Je vais tenter de vous le transmettre, vous avez compris ? Par exemple, mon nombre ne pourrait pas être 11, mais pourrait être 13 ou 19... Dites-moi un nombre entre 1 et 50 maintenant.* » Vous en avez un en tête ? Il est fort probable que le nombre auquel vous pensez en ce moment soit 35 ou 37. Voici les astuces que vous pouvez utiliser pour présenter cette expérience. Tout d'abord, le choix des mots est essentiel : on donne l'impression au spectateur que le nombre d'options est élevé alors qu'en réalité il est restreint. Les deux chiffres sont impairs et différents, ce qui laisse 13, 15, 17, 19, 31, 35, 37 et 39. En annonçant 13 et 19 comme des exemples possibles, vous incitez votre spectateur à s'en écarter, occultant par la même occasion, les autres nombres commençant par 1 (15 et 17). Il ne reste plus alors que ceux commençant par 3, que vous suggérez encore une fois dans votre dernière phrase, en appuyant plus sur « 50 », ce qui incite le spectateur à penser à un nombre élevé. Le plus souvent, le spectateur pensera à 37, mais il est également possible qu'il pense à 35. Pour pallier cet « imprévu », vous écrivez au départ 35 sur un morceau de papier, de façon nonchalante, sans attirer l'attention. Puis vous barrez ce nombre et écrivez 37 juste dessous. Au moment de révéler le nombre, demandez au spectateur s'il a pensé à 35. S'il vous dit « *oui* », vous avez un miracle, s'il vous dit « *non* », demandez-lui le nombre qu'il a en tête. S'il vous dit 37, dépliez le papier pour lui montrer que vous aviez d'abord noté le nombre 35, mais que vous avez changé d'avis pour écrire 37. Enfin, si votre spectateur n'a pensé ni à 35 ni à 37, ne paniquez pas, et souvenez-vous qu'au départ vous avez présenté cette expérience comme un test destiné à évaluer la capacité de votre spectateur à lire dans vos pensées. Vous avez psychologiquement inversé l'objectif du test, donc si ce dernier rate, vous pourrez dire à votre spectateur que c'est normal, que c'est la première fois qu'il essayait de lire les pensées de quelqu'un et qu'il y parviendra avec de la pratique. (Ouf !)

Prénoms

Si COMME MOI, dans une fête, vous oubliez instantanément le prénom d'une personne que l'on vient de vous présenter, cette petite astuce mnémotechnique est pour vous. Encore une fois, elle provient d'une stratégie d'associations d'idées. Supposez que l'on vous présente quelqu'un qui s'appelle Maxime. Imaginez alors que cette personne est un Maxime que vous connaissez déjà (ami ou membre de votre famille), pensez au visage de cette personne connue et imaginez que c'est elle que vous avez en face de vous. Vous pouvez aussi visualiser mentalement les deux Maxime (celui que vous connaissez et celui que l'on vient de vous présenter) en train de discuter ensemble. Il est également possible d'associer le prénom d'une personne à celui d'une célébrité. Dans notre exemple, on vous aura présenté Maxime Le Forestier. Par la suite, chaque fois que vous verrez cette personne, vous penserez à Maxime Le Forestier, à l'une de ses chansons, et son prénom vous reviendra immédiatement. Enfin, dans la mesure du possible, vous avez la possibilité d'associer à un prénom une image marquante. Si l'on vous présente un Arthur, imaginez immédiatement cette personne en train d'arracher une épée du sol, dites-vous que c'est le roi Arthur ! Ces petites astuces vous forcent à vous concentrer sur une situation qui, habituellement, n'engendre pas une immense activité cérébrale. Or, c'est justement notre passivité qui fait que nous oublions souvent des données stockées dans notre mémoire immédiate. Pour retenir une information, nous devons vivre le contexte activement et de manière éveillée. Faire jouer son imaginaire est donc une excellente solution. Si un jour vous croisez une personne dont vous avez oublié le prénom, vous pouvez utiliser cette petite astuce employée à l'époque par Jacques Chirac. Dites-lui : « *Excusez-moi, quel est votre nom déjà ?* » Il vous donne alors son prénom :

« Je m'appelle Thierry », ce à quoi vous rétorquez immédiatement : « Oui, oui, je sais que vous vous appelez Thierry, mais quel est votre nom de famille ? »

Cocktail

Avez-vous remarqué notre faculté à nous concentrer sur une conversation dans une soirée où des dizaines de gens sont en train de parler et où les dialogues se croisent tous au même niveau sonore ? Les spécialistes de la psychologie cognitive ont appelé cette capacité de sélection auditive « l'effet cocktail ». Notre cerveau est donc capable, dans un environnement bruyant, de privilégier une source sonore, en faisant le tri parmi tous les sons qui nous entourent et en restant malgré tout attentif à d'autres informations auditives que nous pourrions être amenés à percevoir. Lorsque vous êtes en pleine discussion au cours d'une fête et que, dans une conversation annexe, on prononce votre prénom ou que l'on parle de vous, votre cerveau se met en mode « alerte » et vous déconnecte momentanément du discours de votre interlocuteur pour écouter ce qui se dit à côté. C'est la même chose qui se produit lorsque vous avez une discussion avec des amis alors que la télévision est allumée et que, tout à coup, le journaliste parle d'un sujet qui vous intéresse : vous coupez alors nettement la conversation dans laquelle vous étiez impliqué à cent pour cent il y a encore quelques dixièmes de seconde auparavant pour demander à tout le monde d'« écouter ». De plus, notre cerveau est capable d'anticiper, grâce à l'assimilation du langage, les groupes de mots qui vont s'enchaîner logiquement dans une phrase, ce qui peut nous permettre de passer d'une conversation à l'autre sans pour autant perdre complètement le fil. À l'inverse, cette même capacité peut rendre incompréhensibles les mots que nous entendons en fond, si la conversation annexe traite d'un autre sujet ou si elle est menée avec un vocabulaire totalement différent. Entraînez-vous à déceler dans un dialogue les informations essentielles. Vous pourrez alors progressivement vous habituer à vous « débrancher » de certains passages du discours de votre interlocuteur, ce qui vous permettra de suivre plusieurs conversations à la fois.

Porte dans le nez

LA STRATÉGIE DE LA « PORTE DANS LE NEZ »[14] est la technique de persuasion inverse du « pied dans la porte ». Le principe est de formuler à sa victime une première demande extrêmement peu engageante, voire inacceptable, pour ensuite en formuler une moins importante qui aura plus de chances d'être acceptée. On apprend à tous les commerciaux à annoncer un prix élevé, qui sera rarement accepté d'emblée, pour pouvoir arriver au prix de vente souhaité. Un fournisseur qui demande un délai impensable à un client pour ensuite revenir à un délai plus raisonnable aura plus de chances d'obtenir son accord que s'il avait directement demandé ce même délai. Pourquoi cette technique fonctionne-t-elle ? Tout d'abord, parce qu'en revoyant sa demande à la baisse, le manipulateur donne l'illusion qu'il fait une concession. Or toute concession en implique inconsciemment une de l'interlocuteur en retour : c'est la loi de la réciprocité. « Je te donne, tu me donnes. » Deux requêtes inacceptables favorisent même davantage l'acceptation d'une troisième, car la victime a la sensation que vous aurez fait deux efforts ! Ensuite, l'interlocuteur est victime de la notion des contrastes perceptifs : il se focalise sur l'écart d'engagement entre les deux requêtes, ce qui occulte son jugement objectif de l'importance de la deuxième requête. Enfin, le manipulateur joue sur le sentiment de culpabilité de sa victime, en se disant qu'elle ne pourra pas refuser deux services coup sur coup. Très peu de manipulateurs ont l'aplomb d'utiliser la porte dans le nez, car formuler la première demande suppose une bonne dose de culot ! De plus, il faut être fin pour ne pas que la première requête soit choquante au point de braquer la victime et de provoquer une réaction de refus en bloc. Méfiez-vous donc d'une requête exorbitante. Celle-ci est peut être le point de départ d'une négociation illusoire destinée à influencer votre décision. En psychologie sociale, s'il faut apprendre à savoir dire « *non* », il est également sage d'apprendre à savoir dire « *non plus* »...

Mouvements oculaires

EN PNL, (*voir lexique*), on accorde une grande importance à la neurologie, et notamment aux mouvements oculaires. Ces derniers semblent révéler de façon fiable les processus mentaux qui se produisent chez un interlocuteur. Regardez ce schéma...

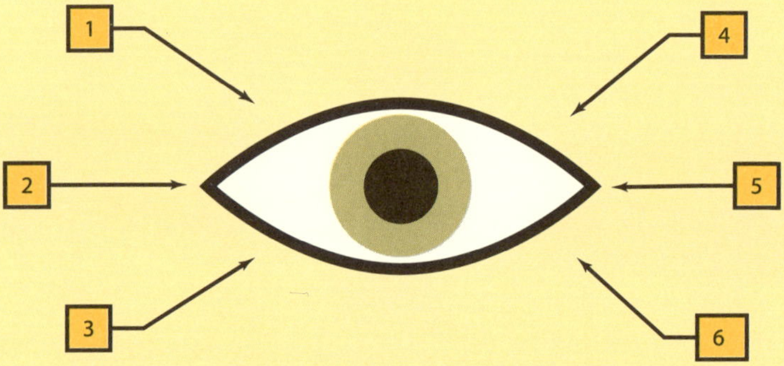

Lorsque les yeux de cette personne (se trouvant face à vous) sont en position 1 (c'est-à-dire en haut à gauche pour vous), cette dernière visualise une image construite, c'est-à-dire une image qu'elle fabrique dans sa tête. En position 4 (en haut à droite), elle visualise une image dont elle se souvient (une image déjà vue). En position 2 (l'œil est au centre gauche), elle pense à un son qu'elle imagine, en 5 (au centre droit) à un son dont elle se souvient. Enfin, la position 3 (en bas à gauche) correspond aux sensations kinesthésiques (c'est-à-dire aux sensations imaginées), et 6 (en bas à droite) correspond à un dialogue intérieur. Les positions 1, 2 et 3 sont à inverser avec les 4, 5 et 6 pour un gaucher.

En observant les mouvements oculaires de son interlocuteur, on peut donc essayer de déterminer non pas à quoi il pense, mais comment il pense ! Essayez la petite expérience suivante avec un ami. Posez-lui des questions qui l'obligent à créer les processus mentaux décrits plus haut, et observez ses mouvements oculaires lorsqu'il vous répond. Par exemple :

- Imagine une pomme bleue dessinée sur une toile jaune. *(visuel construit, position 1)*
- De quelle couleur était ton premier vélo ? *(souvenir visuel, position 4)*
- Imagine le bruit d'une enclume qui tombe sur le sol. *(auditif construit, position 2)*
- Quelle est la dernière chanson que tu as entendue à la radio ? *(souvenir auditif, position 5)*
- Qu'est-ce que tu ressens quand tu prends une douche froide ? *(sensations kinesthésiques, position 3)*
- Qu'est-ce que tu te dis quand tu te trompes ? *(dialogue intérieur, position 6)*

Attention ! Certaines questions peuvent faire intervenir plusieurs mouvements oculaires, car elles vont être interprétées par votre interlocuteur, à travers son système de perception privilégié. Si vous lui demandez d'imaginer 10 000 pièces qui tombent du plafond, il pourra, s'il est visuel, voir l'image de 10 000 pièces qui tombent, ou entendre des milliers de tintements s'il est auditif, ou encore imaginer le contact du métal sur sa tête et ses bras s'il est kinesthésique. L'observation des mouvements oculaires peut également permettre de repérer un mensonge. Demandez à un ami de se projeter dans un supermarché avec son caddie, d'imaginer qu'il voit quatre objets qu'il achète régulièrement et d'en inventer un qu'il n'achète jamais. Vous vous proposez alors de lui citer celui qui n'appartient pas à sa liste habituelle. Observez ses mouvements oculaires. Pour quatre d'entre eux, il va faire un effort visuel de souvenir, ses yeux vont donc aller en position 4. En revanche, pour l'article inhabituel, ses yeux vont soit vous fixer, soit aller en position 1. Vous ne tomberez jamais juste à 100 %, car certaines personnes « mentent bien », mais vous pouvez augmenter vos chances de deviner l'intrus en ne lui laissant pas trop le temps de la réflexion. Le processus mental se produira alors sur un intervalle court et l'empêchera d'avoir de l'avance sur vous. Ensuite, faites-lui décrire brièvement les objets. Il est préférable de procéder en deux étapes. Enquérez-vous d'abord de cinq articles qu'il achète habituellement et observez ses mouvements oculaires naturels. Ensuite seulement, posez votre seconde question. En l'ayant d'abord observé en conditions naturelles, il sera plus simple de déterminer un changement général dans ses mouvements oculaires. Enfin, prenez garde aux préjugés. La plupart du temps, nous avons tendance à penser que, si quelqu'un ne nous regarde pas dans les yeux, c'est qu'il ment. La PNL nuance considérablement cette croyance. Au contraire, il est probable que quelqu'un qui ne vous ment pas regarde en haut à droite...

Chiffres et manipulation

À VOTRE AVIS, quel est le résultat de l'opération suivante ?

8 x 7 x 6 x 5 x 4 x 3 x 2 x 1 ?

Et de celle-ci :

1 x 2 x 3 x 4 x 5 x 6 x 7 x 8 ?

Bien sûr, le résultat de ces deux opérations est le même. Mais une expérience réalisée par Massimo Piattelli-Palmarini[15] montre que, lorsque l'on demande à deux groupes de personnes d'évaluer le résultat de ces multiplications, ceux à qui l'on a présenté la première ont tendance à estimer un résultat plus élevé que ceux à qui l'on a présenté la deuxième. Ce petit test nous prouve que la façon dont sont présentés les chiffres influence notre perception et nous conduit donc très souvent à des erreurs de jugement. Un gouvernement qui annonce avoir fait baisser le taux de chômage de 20 % à 10 % sera perçu comme plus efficace qu'un gouvernement qui annoncera avoir fait baisser le chômage de 30 % à 20 %. En valeur absolue, ces deux gouvernements auront pourtant obtenu le même résultat. Méfions-nous donc de la façon dont les chiffres et les statistiques nous sont présentés, et veillons toujours à les interpréter de façon raisonnée et objective.

Œil directeur

POURQUOI CERTAINES PERSONNES ne touchent jamais aucune boule au billard, ne plantent jamais leur fléchette dans la cible ou ne cadrent jamais bien leurs photos ? Parce qu'elles ne savent pas viser, me direz-vous. Peut-être visent-elle très bien, mais ne connaissent-elles pas leur œil directeur. Dans la vision binoculaire (à deux yeux), un œil domine l'autre, c'est l'œil de la visée, et donc celui que l'on appelle l'œil directeur. En règle générale, les droitiers ont l'œil directeur à droite et les gauchers à gauche. Mais ce n'est pas obligatoirement le cas. Voici un test que vous pouvez réaliser pour savoir quel est votre œil directeur : pointez une cible relativement éloignée avec le bout de votre index, en gardant les deux yeux ouverts. Puis fermez alternativement les deux yeux. Votre œil directeur sera celui avec lequel la cible restera dans l'alignement de votre index. L'autre œil vous fera voir votre index décalé par rapport à la cible. Maintenant, vous n'avez plus d'excuses pour mal viser !

Justice contre incertitude

L'INJUSTICE ET L'IMPRÉVISIBILITÉ sont deux sentiments très dérangeants pour l'homme. Ils nous conduisent à fabriquer intérieurement une illusion psychologique que l'on appelle la « croyance en un monde juste »[16]. Pour avoir la sensation de garder une emprise sur le cours des choses, nous développons un raisonnement qui consiste à croire que chacun a ce qu'il mérite, et que ceux qui font le bien autour d'eux améliorent leur sort. Nier cette illusion nous rendrait à nouveau prisonniers de ces sentiments anxiogènes, et nous plongerait dans la peur d'être à notre tour victime de cette injustice ou de cette imprévisibilité. Pourtant, chaque jour, des personnes innocentes subissent des accidents ou des malheurs, sans que nous ne remettions en cause ce raisonnement. N'avons-nous pas tendance à être plus généreux lorsque nous sommes dans l'incertitude quant à notre santé ou à celle d'un proche, quand nous avons le sentiment que le sort peut encore être changé pour nous apporter une bonne nouvelle en réponse à cette incertitude ? Une expérience menée par Delhomme et rapportée par Jean-Pierre Deconchy[17] dans le service cardiologie d'un hôpital est très révélatrice de cette illusion psychologique. On demanda à trois catégories de patients de prêter leur montre à un autre malade qu'ils ne connaissaient pas : la première catégorie était composée de personnes qui ne savaient pas encore si elles allaient devoir être opérées, la deuxième de personnes qui savaient qu'elles allaient être opérées, et la troisième de personnes déjà opérées. La catégorie qui a le plus accepté de réaliser cette bonne action fut celle des patients dans l'attente d'une réponse quant à leur opération. Cette illusion psychologique nous amène également à adopter parfois des comportements négatifs. En effet, pour conserver cette sensation rassurante que tout arrive à qui le mérite, nous avons tendance à blâmer les personnes victimes d'un événement malheureux, en disant que, quelque part, « *elles ont bien cherché ce qui leur arrive* ». Cela nous permet de mettre de la distance entre notre propre personne et le fait qu'une victime n'a très souvent aucune responsabilité réelle dans l'épreuve qu'elle subit.

Codes télépathiques

Nous avons tous déjà assisté à des numéros de télépathie au cours desquels un médium parvient à deviner le nom d'objets pris au hasard dans la salle ou des informations concernant les spectateurs, recueillies par son assistant se trouvant parmi eux. Ces démonstrations de parapsychologie, souvent très impressionnantes, utilisent pour la plupart tout un système de codes mentaux et mnémotechniques, transmis par voie orale, à l'intérieur du discours de l'assistant. Un des procédés les plus simples est par exemple de transmettre l'information de façon « numérique ». On part d'un système de « mots de transition » dont le but est de communiquer un nombre :

« Ah ! » = 1 (1 syllabe)
« Ok » = 2 (2 lettres)
« Bon » = 3 (3 lettres)
« Bien » = 4 (4 lettres)
« Alors » = 5 (5 lettres)

En commençant chacune de ses phrases par un de ces petits mots auxquels on ne prête pas attention, l'assistant communique une information au médium. Prenons l'exemple des objets. Si on associe à un nombre chacun des objets qu'il est courant de trouver dans les poches des gens :

1 = briquet
2 = téléphone portable
3 = pièce
4 = stylo
5 = mouchoir

Il est ensuite facile, au moment où l'assistant emprunte un des objets à un spectateur, de communiquer son identité au médium. Si on lui présente un stylo, il repère du coin de l'œil l'objet et transmet le code avant même que le public perçoive qu'il a pris connaissance de l'objet. Cela donnerait une phrase du type : « *Bien... il nous faudrait un autre objet.* » Il fait mine de voir seulement à ce moment-là le stylo dans la main du spectateur et le prend sans rien dire. Le médium révèle alors l'objet choisi. Cette technique du temps d'avance est une arme psychologique redoutable, car elle rend la méthode indécelable. Voilà pourquoi il est souvent demandé à l'ensemble des membres du public de sortir tous ensemble un objet de la poche, et de le tenir au-dessus de leur tête. L'assistant peut avoir alors trois ou quatre temps d'avance. Cette explication est à l'évidence simpliste, et les artistes qui pratiquent ce genre de numéro parviennent à repousser toujours plus loin les méthodes. Certains sont capables de se transmettre des informations extrêmement précises et longues, d'autres ne prononcent pas un mot ! Voici une autre technique de codage, non verbal cette fois, que vous pourrez très facilement reproduire avec un ami, et qui ne nécessite aucun apprentissage. Le principe est, lors d'une soirée entre copains, de deviner l'heure sur laquelle une des personnes présentes a mis sa montre en tournant les aiguilles. Demandez à une personne d'enlever sa montre et d'imaginer un clocher qui sonne le nombre de coups qu'elle souhaite, en gardant cette information secrète. Elle doit ensuite mettre sa montre à l'heure correspondant au nombre de coups de cloches imaginaires. Vous gardez le dos tourné pendant tout ce temps. Elle montre l'heure choisie aux personnes présentes autour d'elle, puis pose sa montre face cachée sur la table ou l'enferme dans son poing, rendant ainsi les aiguilles invisibles. Parmi les autres personnes présentes, vous avez un ami fumeur qui est votre assistant secret. Au moment où la victime montre le cadran de sa montre aux autres personnes, votre ami prend connaissance de l'heure affichée et pose sa cigarette dans le cendrier, en faisant comme si ce dernier était un cadran. Il oriente alors le filtre vers la zone du cadran correspondant à l'heure choisie. L'heure suffit car, rappelez-vous, vous avez employé une subtilité psychologique destinée à occulter un choix de minutes, en demandant à votre spectatrice d'imaginer des coups de cloches, qui n'indiquent que des heures pleines ! Il ne vous reste plus qu'à prendre connaissance de l'orientation de la cigarette dans le cendrier pour connaître l'heure choisie par la spectatrice.

Déjà vu

NOUS AVONS TOUS DÉJÀ EU LA SENSATION de vivre une situation déjà vécue, de connaître un endroit où nous n'avions jamais mis les pieds, de savoir ce qu'une personne était sur le point de nous dire... C'est Emile Boirac – philosophe captivé par les phénomènes paranormaux, il est l'un des investigateurs de l'espéranto – qui mit des mots sur cette sensation : le « *déjà-vu* ». Depuis de nombreuses années, des dizaines de scientifiques ont essayé d'expliquer cette « illusion perceptuelle » ou plus exactement illusion cognitive. Au risque de décevoir certains d'entre vous, ce phénomène n'a rien à voir ni avec la clairvoyance, ni avec la réminiscence d'une vie antérieure. Certains expliquent cette illusion par un phénomène de brève *paramnésie* : c'est-à-dire une perception altérée de la temporalité. Une confusion entre passé, présent et futur). Nous avons deux types de mémoires : court terme et long terme. Une perception (visuelle ou auditive par exemple) est stockée dans notre mémoire court terme (immédiate), avant de rejoindre plus tard, la mémoire long terme. Le déjà vu peut s'expliquer par un très bref « bug » du cerveau (quelques millièmes de secondes suffisent) qui va avoir pour conséquence d'envoyer directement nos perceptions dans la mémoire long terme. Notre cerveau, qui compare en permanence nos perceptions aux informations se trouvant dans la mémoire long terme, y retrouve instantanément des informations stockées seulement depuis quelques dixièmes de secondes, ce qui créerait cette impression. Il arrive aussi que nous éprouvions cette sensation lorsque nous vivons réellement une situation que nous avions déjà vécue de façon passive, c'est-à-dire sans y prêter attention. Nous aurions alors enregistré cette situation inconsciemment, en la stockant dans un coin de notre mémoire. Lorsque nous la vivons à nouveau, n'étant pas capables de nous souvenir précisément des conditions dans lesquelles nous l'avons déjà vécue, nous avons cette illusion de déjà vu.

Silence !

FRÉDÉRIC DARD DISAIT : « *L'Homme ne s'exprime pleinement que par les silences.* » Il ignorait sûrement que cet adage serait repris en psychologie. Au cours d'une conversation, un silence prolongé fait peur, il met mal à l'aise, il tend à être comblé, rompu... Et pourtant, savoir le garder peut vous donner un réel ascendant psychologique sur vos interlocuteurs. Tous les professeurs de théâtre enseignent le maniement du silence. Cet artifice dramatique permet de faire monter la tension, de créer une attente, de suspendre le public à vos lèvres. Lorsque vous ouvrez enfin la bouche, on ne demande qu'à vous écouter et, finalement, on ne vous écoute que mieux. L'emploi du silence est donc une excellente arme de persuasion. Voilà pourquoi son apprentissage est passé, de plus en plus fréquemment ces dernières années, des planches de théâtre aux salles de réunions des séminaires de communication. On apprend aux futurs orateurs à marquer des pauses dans leur discours pour conserver l'attention de leur auditoire, à prendre le temps de bien écouter les discussions et de bien préparer intérieurement leur intervention pour qu'elle fasse mouche au bon moment (c'est-à-dire le plus tard possible dans la conversation, pour laisser aux autres un souvenir frais des arguments exposés). C'est aussi une façon de manifester dans une confrontation d'idées le respect pour son opposant et, bien entendu, d'imposer inconsciemment une réciprocité. Vous remarquerez d'ailleurs que, dans les débats politiques, un des orateurs fait souvent remarquer qu'il a laissé parler l'autre et que c'est à son tour de prendre la parole. Maîtriser les silences peut également vous permettre de vous sortir de situations délicates. En effet, ne jamais répliquer immédiatement à une interrogation, mais laisser systématiquement un instant avant la réponse, permet de prendre un temps de réflexion et de ne jamais paraître embarrassé par une question. Le silence est enfin une excellente arme de suggestion. Il permet de laisser vos interlocuteurs aboutir à leurs propres conclusions, que vous aurez pu orienter par un comportement ou une induction préalables. Lorsque l'on suggère quelque chose en laissant des éléments absents, les gens, déstabilisés, ont pour réflexe psychologique d'imaginer les informations manquantes afin de compléter leur analyse. Les illusionnistes utilisent énormément les silences suggestifs pour renforcer l'impact et la dramatisation de leurs effets, et pour mettre les perceptions et les raisonnements des spectateurs sur une fausse piste. Ayez donc le réflexe d'utiliser le silence pour être plus persuasif, et lorsque vous devez prendre la parole, prenez exemple sur ces maîtres de la communication que sont les hommes politiques : faites-le d'une voix calme, régulière, ni trop rapide, ni trop lente, en marquant des pauses dans votre discours pour maintenir vos interlocuteurs en haleine.

Influence décalée

PEUT ÊTRE AVEZ-VOUS REMARQUÉ que, dans les publicités pour les voyages ou les voitures, on vous présente toujours le produit haut de gamme comprenant toutes les options et qu'on vous annonce à la fin du message le prix d'entrée de gamme, précédé d'un sempiternel « à partir de 9 999 euros », énoncé extrêmement rapidement, avec un texte défilant en bas de l'écran qu'on ne lit jamais. Bien entendu, ce procédé est destiné à déclencher dans l'esprit du consommateur, une décision d'achat. Ce dernier se rend alors chez le concessionnaire, à l'agence ou au magasin (cette technique est également employée sur les prospectus distribués dans les boîtes aux lettres). Il demande à acheter le produit décrit dans la pub, le vendeur accède bien entendu à sa demande, mais lui apprend qu'en réalité toutes les options (le fameux petit texte qui défilait en bas !) sont à payer en plus du prix annoncé. Le client qui s'est déplacé se dit : « Maintenant que je suis là, ce serait trop bête ! Je me fais un peu avoir, mais tant pis. » Cette technique d'influence décalée, appelée *low-ball*[18], qui peut s'apparenter à du mensonge par omission, joue sur une de nos caractéristiques psychologiques qui est d'avoir beaucoup de mal à dire « *non* » une fois que nous avons dit une première fois « *oui* », même si les paramètres qui nous ont amenés à prendre notre décision changent. Si l'un de vos amis vous annonce qu'il déménage et vous demande si vous seriez d'accord pour lui donner un coup de main à porter quelques meubles, vous répondrez sûrement « *oui* ». Ce n'est qu'après qu'il vous aura exposé les conditions, à savoir qu'il faut se lever à 7 heures du matin pour aller chercher les meubles qui sont entreposés chez ses parents à 100 km de là, en vous demandant bien sûr si ça ne vous dérange pas, que vous répondrez sûrement : « *Heu... non...* » Trop tard ! Avant d'accéder à une requête ou de prendre une décision, essayez d'obtenir de votre interlocuteur un maximum d'informations. Cela vous empêchera de vous retrouver dans une situation embarrassante en apprenant la suite de l'énoncé...

Déjà vu

NOUS AVONS TOUS DÉJÀ EU LA SENSATION de vivre une situation déjà vécue, de connaître un endroit où nous n'avions jamais mis les pieds, de savoir ce qu'une personne était sur le point de nous dire... C'est Emile Boirac – philosophe captivé par les phénomènes paranormaux, il est l'un des investigateurs de l'espéranto – qui mit des mots sur cette sensation : le « *déjà-vu* ». Depuis de nombreuses années, des dizaines de scientifiques ont essayé d'expliquer cette « illusion perceptuelle » ou plus exactement illusion cognitive. Au risque de décevoir certains d'entre vous, ce phénomène n'a rien à voir ni avec la clairvoyance, ni avec la réminiscence d'une vie antérieure. Certains expliquent cette illusion par un phénomène de brève *paramnésie* : c'est-à-dire une perception altérée de la temporalité. Une confusion entre passé, présent et futur). Nous avons deux types de mémoires : court terme et long terme. Une perception (visuelle ou auditive par exemple) est stockée dans notre mémoire court terme (immédiate), avant de rejoindre plus tard, la mémoire long terme. Le déjà vu peut s'expliquer par un très bref « bug » du cerveau (quelques millièmes de secondes suffisent) qui va avoir pour conséquence d'envoyer directement nos perceptions dans la mémoire long terme. Notre cerveau, qui compare en permanence nos perceptions aux informations se trouvant dans la mémoire long terme, y retrouve instantanément des informations stockées seulement depuis quelques dixièmes de secondes, ce qui créerait cette impression. Il arrive aussi que nous éprouvions cette sensation lorsque nous vivons réellement une situation que nous avions déjà vécue de façon passive, c'est-à-dire sans y prêter attention. Nous aurions alors enregistré cette situation inconsciemment, en la stockant dans un coin de notre mémoire. Lorsque nous la vivons à nouveau, n'étant pas capables de nous souvenir précisément des conditions dans lesquelles nous l'avons déjà vécue, nous avons cette illusion de déjà vu.

Coups de poker

VOICI UN CHAPITRE CONSACRÉ à l'une des techniques psychologiques les plus employées au quotidien. De la négociation commerciale aux tables de poker, le bluff est présent partout. En règle générale, dans une relation avec un interlocuteur, la meilleure façon de repérer un bluff est tout simplement de chercher à savoir quelle image la personne en face de vous tente de vous envoyer d'elle-même. Si, lors d'une négociation de prix, un client dit à un vendeur : « *Non, ça ne m'intéresse pas, je vais partir* », il y a fort à parier qu'en réalité la personne est intéressée. Si l'on n'est pas intéressé, on ne tente pas un coup de poker pour faire baisser le prix, et si la personne voulait réellement partir, elle ne le formulerait pas de cette manière, mais plutôt par une phrase plus diplomate du type : « *Très bien, merci, je vais réfléchir.* » Dans cette situation, il est clair que le client cherche à communiquer au vendeur l'image d'une personne déterminée à arrêter la négociation, et donc qu'il bluffe en « jouant » un comportement opposé à son état d'esprit réel. Les joueurs de poker sont les rois du bluff, car ils savent que, dans ce jeu, la confrontation psychologique est tout aussi importante que les cartes que l'on a en main. Les grands professionnels connaissent certaines astuces pour déceler les bluffs. Si vous êtes joueur de poker, ces quelques techniques vous serviront sûrement. Observez d'abord la façon de jouer de vos adversaires, et leurs attitudes générales. Ne vous asseyez pas directement à une table, mais prenez d'abord quelques minutes pour les regarder jouer. Observez ce que l'on appelle les « tells », c'est-à-dire leur gestuelle, leur façon de miser, leurs attitudes. Il est très difficile de repérer les mimiques du visage car les bons joueurs savent parfaitement cacher leurs émotions. Observez plutôt leurs mains et leur cou.

Les mains tremblent légèrement lorsqu'un joueur a un bon jeu, la pomme d'Adam saute. Apprenez à détecter les changements de postures : lorsqu'un joueur a un bon jeu, il change de position ou regarde ses cartes puis ses jetons par réflexe, pour estimer combien il peut mettre sur le tapis. Méfiez-vous d'un joueur qui couvre sa bouche, cela peut être pour réprimer inconsciemment une envie de sourire consécutive à l'obtention d'une bonne main. Un joueur qui prend son verre pour boire se désintéresse du jeu ou cherche à se donner une contenance : quand on est à fond dans un coup, on ne pense pas à boire. Les bluffs de débutants relèvent souvent de l'intimidation : ils mettent leur jetons sur la table de façon très déterminée, presque agressive, en vous regardant avec insistance. Variez votre rythme et votre façon de jouer pour rester imprévisible. Si vous devez bluffer, mettez-vous réellement dans l'état d'esprit de quelqu'un qui a un bon jeu. Convainquez-vous que vous avez une paire d'as entre les mains, cette attitude contribuera à vous faire adopter un langage corporel naturel qui pourra tromper vos adversaires.

Mé-mot(s)

VOICI UN DES SYSTÈMES MNÉMOTECHNIQUES les plus connus des mentalistes. Il s'appuie sur les associations d'idées. En l'utilisant, vous serez capable de retenir instantanément une liste de mots que l'on vous cite au hasard, ainsi que leur position dans la liste. Nous prendrons dans notre exemple vingt mots, mais, en travaillant cette technique, il est possible de retenir des listes plus longues. Le principe est très simple : il vous faut tout d'abord apprendre par cœur une liste de vingt mots frappants, visuels, qui ont du sens pour vous. Vous devez connaître les mots, ainsi que leur position les uns par rapport aux autres. Pour simplifier, vous pouvez utiliser des codes visuels. Voici un exemple de liste :

1) Indien	11) ballon
2) Dé	12) montre
3) Cheval	13) table
4) Roue	14) crayon
5) Singe	15) skate board
6) Saucisse	16) chaise
7) Nain	17) basket
8) Huître	18) cadeau
9) Œuf	19) bœuf
10) Disque	20) verre

La position des mots vous aide à les retenir. Dans mon exemple : 7 parce que 7 nains, 13 parce que jamais 13 à table, dans saucisse, il y a le son « six », pareil pour huit et huître... Faites-vous votre propre liste. Une fois que vous connaissez la liste par cœur, demandez à quelqu'un, n'importe quand, de vous donner une liste de vingt objets au hasard. Vous allez associer chaque mot que l'on vous donne au mot de votre liste apprise par cœur. Comme les mots de votre liste sont frappants, il vont instantanément créer une image frappante que vous pourrez retenir facilement. Par exemple, en 1, on vous donne « téléphone » ; imaginez un Indien qui se sert d'un téléphone comme d'un arc. On vous dit en 15 « ordinateur », imaginez immédiatement un écran d'ordinateur qui roule, posé sur un *skate-board*, etc. Vous aurez donc vingt images marquantes en tête, que vous pouvez associer également à une position. Imaginons alors que la personne a écrit les mots qu'elle vous a cités sur un morceau de papier, numérotés de 1 à 20. Elle peut vous dire par exemple une position : 15. Vous savez que, pour vous, 15 correspond à *skate-board*. Tout de suite vous visualisez un ordinateur sur un *skate-board* : vous savez que le mot en 15e position est « ordinateur ». De la même manière, on peut vous dire un mot, par exemple : « téléphone ». Vous allez immédiatement visualiser un Indien qui tire à l'arc avec un téléphone, vous savez qu'Indien correspond à 1, vous êtes alors capable d'annoncer la position du mot dans la liste !

Raccourcis…

NOUS AVONS TOUS UNE TENDANCE PSYCHOLOGIQUE à faire des raccourcis quant à l'interprétation des événements qui se produisent dans notre quotidien. Nous sommes victimes d'une illusion psychologique appelée *corrélations illusoires*. Nous remplaçons souvent la cause d'un événement par une autre : «*Les antibiotiques me fatiguent.*» Votre médecin vous a prescrit des médicaments parce que vous étiez malade, l'état de fatigue est lié à la maladie et non au médicament. Or, comme nous prenons des antibiotiques uniquement quand nous sommes malades, nous déterminons une cause de façon erronée à travers la combinaison de ces deux éléments (théorie développée par B. Horn en 1998). Nous avons aussi tendance à exagérer ou à généraliser par défaut de perception la fréquence d'un événement, parce que celui-ci intervient dans un moment de stress ou d'émotion : «*Mon ordinateur tombe toujours en panne quand je dois finir un dossier !*» Un autre mécanisme consiste en quelque sorte à inverser une cause et un effet. Beaucoup de gens vous font constamment remarquer qu'ils avaient prédit ce qui se réalise. La plupart d'entre eux n'ont pas conscience qu'ils ont adopté un comportement qui a eu pour conséquence de provoquer ce qu'ils avaient prédit. C'est exactement ce qui arrive lorsque vous devez rencontrer une personne que vous ne connaissez pas et qu'une amie vous met en garde en vous disant : «*Tu vas voir, je suis sûre que cela va très mal se passer, c'est un vrai con !*» Lorsque vous rencontrerez cette personne, il est fort possible que vous ayez un a priori négatif et que vous vous comportiez de manière plus froide et renfermée. Cette attitude risque de déplaire à votre interlocuteur qui, à son tour, sera plus fermé et moins avenant. Lorsque vous reverrez votre amie, vous lui direz que votre rencontre ne s'est pas très bien passée, et elle aura la confirmation que ce qu'elle disait était vrai ! Attention donc à ne pas interpréter des événements de façon trop hâtive, car ce réflexe psychologique peut nous en faire mal juger les causes, ou nous maintenir dans des schémas de pensée et des croyances que nous créons nous-mêmes.

Non !

REFUSER D'ACCÉDER À UNE DEMANDE privée ou professionnelle, ne pas se soumettre à une autorité, à une pression sociale ou à une amitié, dire « *non* » en somme, est très difficile à assumer. Pourtant, savoir employer ce tout petit mot pourrait nous faciliter la vie en nous empêchant d'être en constante opposition entre ce que nous voulons vraiment et ce que nous subissons. Imaginez le nombre de fois où vous avez dit « *oui* » alors que vous pensiez « *non* » ! Peur de faire de la peine ou de décevoir, sensation de culpabilité ou de honte, conséquences sociales du refus : les raisons de ce désaccord entre la pensée et l'acte sont nombreuses. En ayant conscience de plusieurs principes psychologiques simples, il est pourtant aisé de dire non sans culpabilité ni conséquences dans le regard d'autrui. Lorsque nous n'osons pas refuser, c'est parce nous nous focalisons sur les conséquences négatives de notre « *non* » en occultant toutes les conséquences positives qui pourraient aussi en découler : moins de stress, moins de surcharge de travail, moins d'inquiétude quant à une situation créée par notre acceptation... La première astuce psychologique est donc de toujours bien prendre son temps avant de dire « *oui* », pour réfléchir à ce que l'on veut réellement, en mesurant les conséquences négatives, mais aussi positives d'un refus. Ensuite, il est important de dire « *non* » clairement, calmement et sans animosité, pour bien communiquer à votre interlocuteur que le fait de refuser n'est pas une attaque envers lui. Voilà pourquoi il est toujours sage d'argumenter votre refus, sans toutefois vous justifier, en utilisant tout simplement le mot « *parce que* », pour bien montrer à votre interlocuteur que vous ne tournez pas autour du pot, que les raisons de votre « *non* » sont précises, et que vous n'êtes pas en train de le manipuler. Enfin, il est préférable dans la mesure du possible de toujours proposer une ouverture à votre refus, pour apporter une solution ou un aspect positif à la situation laissée en suspens. Une dernière astuce si vous avez le sentiment d'être face à une personne qui cherche à vous soutirer un «*oui*» malgré vous. Demandez-lui un service difficilement acceptable juste après votre refus. Votre interlocuteur sera alors dans la quasi obligation de refuser à son tour, ce qui induira un sentiment de réciprocité, rééquilibrera la balance des refus et annulera en quelque sorte le vôtre, en le rendant psychologiquement justifié... Si une personne vous dit : «*Est-ce que tu pourrais accompagner mes enfants à l'école cette semaine ? Ce serait sympa.*», répondez-lui : «*Non, je ne peux malheureusement pas cette semaine parce que je commence plus tôt au bureau, et je n'aurai pas le temps de faire un détour par chez toi le matin. Par contre, ça tombe bien que tu m'appelles parce que je voulais te demander si tu pouvais garder mon fils jeudi et vendredi soirs, jusqu'à l'heure du repas, parce que je vais finir plus tard...* »

Stroop

ESSAYEZ DE DIRE À HAUTE VOIX, le plus rapidement possible, si les mots de la liste suivante sont écrits en normal, en **gras** ou en *italique...*

italique **gras** normal *italique* normal

gras normal *italique* normal italique

normal *italique* **gras** *italique* normal

À présent, faites la même chose pour cette liste. Essayez simplement de dire le plus rapidement possible si les mots de la liste suivante sont écrits en gras, en italique ou en normal...

italique gras *normal* italique **normal**

gras **normal** italique *normal* **italique**

normal italique gras **italique** *normal*

Plus dur ? Vous venez de réaliser un dérivé du test de Stroop[19] (John Ridley Stroop), qui nous montre à quel point il est facile de tromper le cerveau, particulièrement lorsque celui-ci est habitué à suivre des automatismes. À l'origine de ce test, qui date des années 1930, une expérience très simple, qui consiste à lire les lettres d'un mot en se forçant à ne pas lire le mot lui-même :

CAGE

On remarque, bien entendu, que c'est impossible. Nous avons tellement assimilé la lecture que notre cerveau réagit face à un mot en le photographiant immédiatement par réflexe : nous ne pouvons pas ne pas le lire ! La première forme de ce test consistait à présenter des mots tels que « bleu », « rouge », « jaune », eux-mêmes imprimés dans une couleur différente (« jaune » était imprimé en vert par exemple). On demandait alors au sujet de dire la couleur dans laquelle était écrit le mot. On a constaté que nous étions capables de lire un mot plus rapidement que de déterminer une couleur, ce qui crée une sorte d'« interférence » dans notre cerveau et ralentit son processus d'analyse. Ce test est aujourd'hui utilisé pour mesurer l'attention et la fatigue, car nommer une couleur demande plus d'attention que de lire un mot. Les graphistes qui détournent les logos et les typographies de marques connues pour en faire des t-shirts humoristiques (« Ricard » / « Smicard », « Coca-Cola / Caca-Cola »...) ou, plus grave, des contrefaçons échappent sans le savoir à cet effet Stroop et parviennent même à obtenir l'effet inverse. En reprenant la même typographie que celle utilisée par la marque, ils jouent sur notre mémoire visuelle et nous font percevoir la façon dont est écrit le mot aussi instantanément que le mot lui-même. Cela crée alors une confusion qui peut nous empêcher de distinguer à première vue que le mot que nous avons l'habitude de voir écrit dans cette typographie est orthographié différemment, ou parfois même qu'il s'agit d'un autre mot.

Présuppositions

« MON CHÉRI, CE SOIR C'EST TOI *qui décides si tu veux aller au lit à 8 heures ou 8 heures et demie.* » En formulant une phrase de cette manière, il y a fort à parier que votre enfant rechignera moins à aller se coucher à 8 heures et demie. Pourquoi ? Parce que la question qui lui est posée véhicule une présupposition et constitue ainsi une arme de persuasion très efficace. La technique consiste à faire passer dans la question une information qui va enfermer l'interlocuteur dans une logique. La victime aura alors la sensation d'avoir un choix, mais ce dernier se fera parmi des options que vous avez posées. Dans notre exemple cité plus haut, la question change de nature. Ce n'est plus : « *Acceptes-tu d'aller au lit à 8 heures et demie ?* » mais : « *Quelle heure vas-tu choisir ?* » Les présupposés sont très utilisés par les artistes qui pratiquent l'hypnose. Ils constituent d'excellents outils de suggestion. Ainsi, au lieu de dire au participant : « *Vos paupières vont s'alourdir* », l'illusionniste utilisera un présupposé du type : « *Sentez-vous vos paupières s'alourdir ?* » Ici, le fait que les paupières s'alourdissent est contenu dans la question. Le sujet ne peut pas le nier, car la formulation présuppose que l'action est en train de se réaliser. L'interrogation ne porte que sur le ressenti éventuel du cobaye.

Influence silencieuse

NOUS POUVONS INFLUENCER et être influencés par les mots, mais aussi par d'autres biais. Les trois principaux facteurs d'influence non verbale sont le regard, le toucher et le sourire.

Le regard - Regarder quelqu'un dans les yeux n'est pas toujours évident. Et pourtant, pouvoir communiquer avec un individu sans détourner notre regard est un atout certain. Le contact visuel exerce en effet une forte influence sur le comportement et la perception de notre interlocuteur. Il crée une impression de franchise qui inspire confiance. Une personne amoureuse applique inconsciemment ce phénomène et augmente ainsi ses chances de créer une accroche émotionnelle dans le regard de l'autre. Voilà pourquoi il est également important de regarder votre interlocuteur dans les yeux pendant un entretien d'embauche, en travaillant l'expression de votre regard pour ne pas qu'elle paraisse arrogante. Une technique toute simple pour ceux qui ont du mal à maintenir un contact visuel : regardez votre interlocuteur à la base du nez. Vous donnerez ainsi l'impression de le regarder droit dans les yeux, sans avoir à soutenir directement son regard. Enfin, lorsque vous voulez avoir un regard pénétrant, qui touche davantage votre interlocuteur, regardez-le dans l'œil gauche. Les informations captées par cet œil sont transmises au cerveau droit, qui est le siège des émotions.

Le toucher - Le toucher est également une arme d'influence puissante. Une personne qui vous arrête dans la rue pour vous demander de l'argent ou quelques réponses à un questionnaire obtiendra plus facilement une réponse positive de votre part en vous touchant. Un vendeur qui touche un client installe inconsciemment une proximité, une intimité qui facilite sa décision d'achat. Enfin, le toucher motive et persuade : c'est un bon outil pédagogique. Une personne touchée sera plus persévérante dans l'effort, plus ouverte aux conseils, plus optimiste, et elle verra son stress diminuer.

Le sourire - Il paraît évident que nous obtiendrons plus de choses en souriant qu'en faisant la moue. Mais quels sont les ressorts psychologiques qui confèrent à cette action un pouvoir d'influence ? Le sourire crée une perception positive de l'interlocuteur envers celui qui l'arbore : il rend plus attirant physiquement, plus familier, plus ouvert. En outre, il modifie également l'état d'esprit de l'interlocuteur : il *produit* un comportement positif de par la réciprocité qu'il induit. Plus notre sourire est franc et grand, plus cette règle se vérifie. Tidd et Lockard[20] ont prouvé que le pourboire laissé à une serveuse est proportionnel à l'amplitude de son sourire.

Pour mieux communiquer et obtenir ce que vous voulez, regardez les gens dans les yeux, entrez en contact avec eux dès que possible, et sou-ri-ez !

Rain man

VOICI UNE ASTUCE MENTALE pour donner l'impression que vous êtes Rain Man, le personnage de cinéma incarné par Dustin Hoffman, capable de réaliser des calculs hallucinants en quelques secondes. Vous demandez à un ami de vous donner une longue série de chiffres, par exemple, deux numéros de téléphone l'un à la suite de l'autre, le numéro de série d'un billet, une référence client sur une facture... Bref, une série impossible à retenir en une seule écoute. Votre assistant doit ensuite vous relire la série de chiffres, en omettant volontairement l'un d'eux. Vous êtes capable instantanément de dire celui qui manque ! C'est très simple. Imaginons que l'on ait une série de chiffres comme celle-ci : *1 3 4 8 9 0 1 1 5 7 6 3 8 9*. Vous demandez à votre assistant de vous lire les chiffres un par un. Pendant qu'il s'exécute, vous les additionnez mentalement. S'il vous dit « *1, 3, 4* », dans votre tête, vous faites $1 + 3 = 4 + 4 = 8$. Chaque fois que votre addition dépasse 10, gardez uniquement le chiffre des unités, cela fluidifie le calcul et ne change rien au résultat qui nous intéresse. Pour la série de chiffres citée plus haut : $1 + 3 = 4 + 4 = 8 + 8 = 16$ (on enlève les dizaines) donc $6 + 9 = 15$ (on enlève les dizaines) donc $5 + 0 = 5$ et ainsi de suite jusqu'au bout. Pour cette série le résultat sera donc : 5. Ensuite, vous demandez à votre assistant de vous relire la même série, en omettant un des chiffres. Vous refaites alors le même calcul. Imaginons que votre assistant décide de ne pas citer le premier 8 de la série. En refaisant le même calcul, le total sera 7. Pour trouver le chiffre manquant, vous devez soustraire le deuxième résultat au premier : $5 - 7$ est impossible. Ajouter une dizaine au $5 : 15 - 7 = 8$, c'est bon ! Bien entendu, si le deuxième total est inférieur au premier, faites la même opération sans ajouter de dizaine. Enfin, si les deux totaux sont les mêmes, c'est que le chiffre omis est 0 !

Vouloir, faire… et percevoir

NOS BESOINS (ce que nous voulons, consciemment ou pas) et nos actions (ce que nous faisons) peuvent modifier nos perceptions. C'est la raison pour laquelle vous retiendrez mieux les plats figurant sur une carte de restaurant si vous avez très faim, ou que les escaliers de vos amis vous paraîtront moins raides le jour où vous irez dîner chez eux que le jour où vous les avez aidés à déménager !

Souvenirs et émotions

SAVEZ-VOUS QUE VOUS GARDEREZ plus facilement une information en mémoire si elle est associée à une émotion ? La preuve, c'est que nous nous souvenons de détails, même lointains, lorsque nous repensons à des moments de notre vie chargés d'émotion (premier baiser, voyages, spectacles...). Cela marche aussi pour des souvenirs associés à des chocs ou des images marquantes vues à la télévision. La majorité des gens se souvient parfaitement de tous les détails associés à la journée des attentats du 11 septembre 2001. Où étiez-vous ? Avec qui ? Que faisiez-vous ? Ça vous revient ? Voilà pourquoi la publicité utilise souvent l'humour ou la corde sensible dans le but de vous faire retenir un produit en l'associant à l'émotion que vous éprouvez en la regardant. Les publicitaires savent également qu'un message s'ancre mieux dans l'esprit des téléspectateurs s'il est diffusé au milieu d'un film d'amour. Parfois, cependant, si le choc émotionnel subi est trop important, trop perturbant ou trop violent, et qu'il nous touche de façon très personnelle, cela peut provoquer un blocage psychologique et altérer notre mémorisation. Un bon exemple de ce phénomène est apporté par la psychologie judiciaire : une personne victime d'agression est tellement sous l'emprise du choc lorsqu'elle tente de se remémorer la scène que son attention s'en trouve diminuée et qu'elle a donc énormément de mal à se souvenir d'informations telles que les circonstances de son agression ou le visage de son assaillant. Enfin, nous n'avons pas toujours conscience du lien entre un souvenir et l'émotion qui l'a suscité. Vous connaissez certainement l'expérience de Pavlov : elle consiste à présenter une gamelle devant un chien qui salive à la vue de la nourriture, et d'associer plusieurs fois cette action au tintement d'une cloche. On s'aperçoit qu'au bout de quelque temps, si on fait sonner la cloche sans présenter de gamelle au chien, il salive quand même. Cette expérience peut être transposée à la mémoire. Imaginez que, dans votre enfance, vous ayez vu plusieurs fois un film dans lequel un objet était associé à un hurlement ou à un son angoissant. L'objet en lui-même ne constituait pas une source de peur, mais son association avec ce bruit provoquait l'effroi. Quelques années plus tard, vous vous souviendrez peut-être de cet objet et de la peur qu'il vous procure, sans forcément être capable de faire le lien avec le bruit qui lui était associé dans le film. Cela explique le fait que certaines personnes ont une phobie sans forcément avoir conscience du choc émotionnel qui l'a implantée dans leur mémoire. Il est donc possible d'ancrer profondément un souvenir dans l'esprit de quelqu'un en l'associant à une stimulation émotionnelle. Une personne que vous voulez séduire gardera un souvenir inoubliable d'une journée passée en votre compagnie si vous y avez accompli des activités suscitant des stimulations émotionnelles : balade ou dîner dans un lieu grandiose, loisirs à sensations fortes. Qui a dit qu'emmener sa future conquête dans un grand-huit était ringard ?

Fôte d'hortograffe

VOICI UNE STRATÉGIE NEUROLOGIQUE mise au point par Anthony Robbins[21] pour se souvenir de l'orthographe d'un mot compliqué. Ce dernier prétend qu'en épelant le mot à l'envers, plusieurs fois à haute voix, on ancre ce mot dans notre esprit au moyen d'une technique mélangeant le visuel et l'auditif. Par exemple, le mot synchronisation, réputé difficile pour les collégiens ou lycéens.

Epelez à haute voix :
« N – O – I – T – A – S – I – N – O – R – H – C – N – Y – S ».

Visualisation créatrice et ancrage

En PNL, ON TENTE DE FAIRE PASSER une personne de son état présent à un état désiré. Le thérapeute qui utilise la PNL a pour habitude de faire pratiquer à son patient la visualisation créatrice, c'est-à-dire qu'il lui demande d'imaginer une situation dans laquelle il atteindrait son objectif (par exemple, il lui ferait imaginer une scène dans laquelle il serait confronté à sa phobie et, petit à petit, modifierait les paramètres de cette image pour que le patient puisse être dans son imaginaire au contact de cette phobie sans être paniqué). Une fois que la personne parvient à se projeter dans cette image, cela crée chez elle un état que l'intervenant va ancrer pour qu'elle puisse, plus tard, s'y replonger directement par une association. Au moment où l'influence de cette visualisation est la plus forte, l'intervenant va, par exemple, demander à son patient de serrer très fort les poings. La prochaine fois que la personne sera confrontée à sa phobie, le fait de serrer les poings va automatiquement la remettre dans l'état de ressource associé à ce geste, ce qui l'aidera probablement à mieux contrôler sa panique. Bien entendu, le type d'ancrage dépend du mode de perception privilégié de la personne : on donnera plutôt un mot à dire à haute voix à une personne auditive. Cette technique d'ancrage fonctionne également en communication ou en développement personnel. Visualisez un moment de votre vie où vous vous êtes senti performant, bon, radieux, etc. Essayez de ressentir cette image au maximum, en jouant sur tous les systèmes de perception (visuel, auditif, kinesthésique), et ancrez l'état que cela va vous procurer par un geste ou un mot : « *Génial !* ». Dans une situation où vous avez besoin d'être confiant et positif (entretien d'embauche, réunion importante), pensez à cette image, et lâchez un grand : « *Génial !* ». Les illusionnistes ont également recours à l'ancrage, parfois inconsciemment, pour augmenter l'impact de leur tour sur les spectateurs. Au moment où ces derniers sont vraiment impressionnés, l'illusionniste tape avec le plat de la main sur la table. Dans un tour suivant, au moment de la chute, l'illusionniste va de nouveau faire ce geste qui va remettre automatiquement le public dans l'état de surprise créé précédemment.

Casino(s)

L'ENVIRONNEMENT PSYCHOLOGIQUE créé par les casinos favorise la perte de repères des joueurs et la modification de leur perception. La prochaine fois que vous irez jouer une petite somme d'argent aux machines à sous, regardez autour de vous. Vous ne verrez aucune fenêtre – ou alors rideaux tirés – et aucune horloge : impossible de savoir s'il fait jour ou nuit, ni l'heure qu'il est, ni s'il est temps de partir. En revanche, la lumière tamisée, très agréable, ne vous fatiguera pas les yeux, vous pourrez ainsi jouer plus longtemps. Le son envoûtant des machines à sous à la fois cristallin et feutré, le confort des sièges, vous inciteront à rester assis pendant des heures... Si vous êtes un joueur plus impliqué et que vous décidez de prendre place à une table, profitez-en pour observer les croupiers. Vous constaterez que ces derniers sont une pièce maîtresse de la toute-puissance des casinos. Outre une grande dextérité, une excellente mémoire visuelle et une très bonne aptitude au calcul mental, ils doivent être capables de résister à de fortes pressions psychologiques pour pouvoir faire face à l'agressivité éventuelle des perdants. En effet, une mauvaise réaction de leur part pourrait vexer le joueur et provoquer son départ... Avec l'expérience, ces professionnels du jeu développent inconsciemment une bonne connaissance de la psychologie des joueurs, de leurs motivations et du comportement à adopter face à chaque profil. Si vous aimez flamber, le croupier jouera le rôle d'une personne impressionnable. Ils savent également quel rythme donner à une partie : si vous gagnez, le croupier accélérera les distributions et les mises pour vous maintenir dans votre euphorie, sachant très bien que plus le nombre de coups joués est important, plus les statistiques vous sont défavorables. En revanche, si vous perdez, il ralentira le rythme pour vous donner l'impression que vous perdez moins et que vous avez le contrôle des mises et du jeu.

Je le savais !

PEUT-ÊTRE AVEZ-VOUS DÉJÀ, en leur faisant réviser leurs leçons, donné à vos enfants une réponse sur laquelle ils butaient. Vous avez sûrement entendu juste après avoir donné la solution : « *Ah oui, mais je le savais !* » Peut-être en regardant un jeu télévisé avec votre conjoint l'avez-vous déjà entendu dire « *Bien sûr, c'était facile !* », après une réponse donnée par l'animateur. Vous aurez sûrement constaté que, lorsque vous lui faites remarquer qu'il est aisé de connaître une réponse une fois qu'elle a été donnée, votre interlocuteur nie avoir appris l'information de la bouche de l'animateur, mais prétend qu'il la connaissait de longue date. Un tel comportement nous agace et nous donne l'impression d'être en face de monsieur ou madame Je-sais-tout. En réalité, il est tout à fait possible que cette personne soit de bonne foi. Elle est simplement victime d'une illusion psychologique que l'on peut appeler la *connaissance rétrospective*. Cette illusion provient d'une déstructuration de notre mémoire qui nous donne la sensation de connaître depuis très longtemps une information que nous venons d'apprendre, sans pouvoir nous souvenir d'où nous la tenons. La connaissance rétrospective se manifeste très régulièrement et peut avoir des effets néfastes au quotidien. Des étudiants qui révisent ensemble se lisent mutuellement des passages de leur cours et ont l'impression de les connaître, ce qui peut leur jouer des tours à l'examen lorsqu'ils se retrouvent seuls face à leur copie. Dans le milieu de l'entreprise, la présentation d'un collaborateur peut être injustement dévalorisée par le fait que les informations qu'elle contient paraîtront évidentes à l'auditoire. Peut-être vous-même avez-vous eu cette sensation en lisant certains chapitres de ce livre. Les démonstrations de psychologie sociale sont souvent victimes d'un tel jugement de par le fait que nous les avons toutes déjà vécues sans forcément pouvoir en théoriser les mécanismes. Si ces paragraphes commençaient par des questions sur le contenu qui va être exposé, ils sembleraient très probablement moins évidents au lecteur. La meilleure façon de ne pas être victime de cette illusion psychologique est en effet d'introduire vos narrations ou vos présentations par une question ou par tout autre élément verbal destiné à montrer que vous allez donner à vos interlocuteurs, des informations dont ils n'ont pas encore connaissance.

Psycho téléphone

VOICI UNE EXPÉRIENCE DE MAGIE au cours de laquelle vous allez donner l'illusion que vous pouvez contrôler la pensée de votre spectateur. Vous posez un morceau de papier plié sur la table, en expliquant que ce papier contient un numéro de téléphone qu'il faudra appeler dans quelques instants. Vous présentez alors un jeu de cartes que vous étalez sur la table et vous expliquez à votre spectateur : « *Je voudrais que ton regard parcoure le ruban, que tes yeux glissent sur toutes ces cartes... Très bien. Maintenant, ferme les yeux, et au moment où je claque des doigts, tu penses à une carte... Maintenant ! (clac)* » Votre spectateur vous annonce une carte. « *Très bien, maintenant, tu vas appeler ce numéro qui est sur la table depuis le départ. Et tu demandes Jérôme. Jérôme est un ami que j'ai vu hier, et à qui j'ai dit que j'allais faire cette expérience avec toi aujourd'hui. Je lui ai dit que j'allais essayer de contrôler ton esprit pour t'amener à penser à une carte. Et je lui ai dit le nom de cette carte. Appelle-le.* » Le spectateur appelle votre ami qui lui révèle le nom de la carte choisie mentalement. Comment ? Vous allez voir, la méthode est très astucieuse. Sur le papier que vous déposez sur la table est inscrit un nom de téléphone, mais pas de prénom. En réalité, le prénom que vous annoncez après que le spectateur vous a révélé la carte à laquelle il avait pensé dépend de la carte elle-même ! Le prénom est le code qui va permettre à votre ami à l'autre bout du fil de savoir quelle carte il doit annoncer. Regardez plutôt le tableau page ci-contre :

valeur / couleur	pique	cœur	trèfle	carreau
as	Adrien	Damien	Jean-François	Maxime
2	Alexandre	David	Jean-Luc	Nicolas
3	Antoine	Denis	Jean-Marc	Philippe
4	Arnaud	Emmanuel	Jérôme	Pierre-Louis
5	Arthur	Eric	Josselin	Quentin
6	Benjamin	Fabien	Julien	Regis
7	Benoît	Fabrice	Kévin	Romain
8	Baptiste	Florent	Laurent	Sébastien
9	Bastien	Fred	Leo	Stéphane
10	Bruno	Gilles	Luc	Théo
valet	Christian	Guillaume	Manu	Thomas
dame	Christophe	Harold	Matthieu	Yann
roi	Cyril	Jacques	Marc	Xavier

Comme vous pouvez le voir, chaque prénom est associé à une carte. Grâce à ce tableau, vous connaissez immédiatement le prénom associé à la carte choisie. Si le spectateur vous dit «*6 de trèfle*», le prénom correspondant est «Julien». Pas besoin d'apprendre ce tableau par cœur! Vous pouvez le coller au dos de l'étui de cartes. Une fois que votre spectateur vous a annoncé son choix, reprenez les cartes et rangez-les dans l'étui, en regardant en même temps le tableau qui se trouve face à vous. Il ne vous reste plus qu'à demander au spectateur d'appeler le numéro écrit sur le papier, en lui disant le prénom de la personne qu'il doit demander. Votre complice, qui a une réplique exacte de ce tableau à côté de son téléphone, saura en fonction du prénom annoncé quelle carte il doit révéler. Il trouvera rapidement le prénom dans le tableau, puisqu'ils sont classés par ordre alphabétique.

Langage corporel

EN COMMUNICATION NON VERBALE, l'étude du langage corporel est primordiale pour comprendre ce que pense ou ce que ressent un interlocuteur au cours de l'échange. Voici quelques exemples de comportements typiques ainsi que leur interprétation générale. Encore une fois, ces techniques ne sont pas des règles à suivre aveuglément. En morphopsychologie et en communication, il faut apprendre à interpréter les informations en fonction du contexte.

Le visage - La main ou le doigt devant la bouche sont une marque inconsciente de la volonté de retenir ses paroles. Une personne qui fait ce geste ne voudra probablement pas exprimer ses sentiments, ou éprouvera un désaccord avec vous, mais se retiendra de vous couper la parole (peut-être pour mieux vous contrer ensuite). Une personne qui touche l'arrière de sa tête est souvent une situation qui l'ennuie ou devant un problème qu'elle ne parvient pas à résoudre. La tête inclinée vers la droite ou vers la gauche peut également être un signe de désaccord ou d'incrédulité, si cette attitude ne s'accompagne pas d'un léger mouvement vers le haut de l'épaule correspondante, auquel cas, cette posture sera plutôt le reflet d'une attitude d'écoute, d'affection ou de compassion...

Le corps - On distingue en règle générale des attitudes corporelles d'ouverture et de fermeture : les bras croisés sont un bon exemple de fermeture. Pour les jambes, tout dépend de la façon dont votre interlocuteur les croise : si vous êtes à sa droite, et qu'il croise la jambe gauche sur la droite, c'est plutôt un signe d'ouverture ; la jambe droite croisée sur la gauche sera plutôt un signe de fermeture ou de désintérêt. Les jambes décroisées sont un signe d'intérêt et d'ouverture. L'orientation des épaules (vers vous ou non), vous donne aussi une bonne indication de la disposition de votre interlocuteur à votre égard. Une personne très appuyée sur le dossier de sa chaise, les jambes tendues vers l'avant et éventuellement croisées au niveau des chevilles, s'est probablement désintéressée de votre discours et ne vous écoute plus. Ajoutez à cette position les mains croisées derrière la tête, et cela voudra très certainement dire que votre interlocuteur prend vos propos de haut, avec mépris. En revanche, les mêmes mains croisées derrière la tête, pour une personne assise sur sa chaise, droite ou vers l'avant, signifient plutôt un sentiment de stress, d'incertitude, de doute : c'est la position de quelqu'un qui se sait dans une situation de pression (pris à mentir par exemple) et qui cherche à s'en sortir.

Voici de bonnes attitudes corporelles à adopter : efforcez-vous d'avoir une gestuelle calme, précise et efficace. Cela donnera à votre interlocuteur le sentiment d'avoir en face de lui une personne équilibrée. Étudiez la position et le mouvement de vos mains. Celles-ci ne doivent pas avoir la même position lorsque vous êtes dans l'écoute ou dans la prise de parole. Une bonne position d'écoute consiste à placer vos mains l'une sur l'autre au bord de la table sans croiser les doigts. Lorsque vous prenez la parole de façon neutre, séparez vos mains et avancez-les légèrement. Enfin, si vous voulez affirmer une idée ou une prise de position, avancez votre main très en avant sur la table, comme pour marquer votre territoire, et imposer votre argument. Observez la gestuelle des hommes politiques, vous remarquerez à quel point ces derniers ont assimilé et appliquent de façon naturelle la communication non verbale.

Atrue cruisotisé du crevaeu

L'ODRRE DES LERTTES DNAS UN MOT n'a ancnue ipmotrncae. Il sffuit smlipelnemt que la perimèire et la drenèrie lerttes sionet bein pacleés puor que nuos pissuions copmernrde le mot. Ce péhonèmne veint du fiat que nrote craeveu ne lit pas les mtos lertte par lertte, mias les pohtgoarhipe en un suel bolc.

Voilà pourquoi, lorsque nous relisons un texte, nos yeux passent très souvent sur les mots sans que nous puissions repérer les fautes de frappe ou les fautes d'orthographe. Ne croyez pas que nous lisons trop vite. C'est notre processus naturel de lecture qui, même effectué lentement, peut tout à fait nous tromper.

Milgram

STANLEY MILGRAM[22] mena en 1963, une des plus grandes expériences de psychologie sociale, qui fut le point de départ de l'étude de la manipulation mentale et de la soumission à l'autorité. Une annonce passée dans le journal indique que l'Université de Yale recherche des volontaires qui recevront une rémunération pour réaliser une expérience sur la mémoire. Lorsqu'un volontaire se présente, il est reçu par un expérimentateur qui joue le rôle d'un scientifique sérieux et austère, vêtu d'une blouse blanche. Ce « scientifique » lui explique qu'il va mener avec lui ainsi qu'avec un autre volontaire (en réalité un complice), une expérience destinée à étudier les effets de la punition sur l'apprentissage et la mémoire. L'un devra jouer le rôle du professeur, et l'autre de l'élève. L'expérimentateur procède alors à un tirage au sort truqué, qui désigne le volontaire comme professeur et le complice comme élève. Le principe de l'expérience est alors expliqué aux participants. Le professeur va devoir lire une liste de 50 mots à l'élève qui devra les retenir. Ensuite, le professeur devra poser des questions à propos de cette liste à l'élève. En cas de mauvaise réponse de sa part, le professeur devra lui administrer de petits chocs électriques, dont l'intensité sera croissante en fonction du nombre d'erreurs. L'élève est en réalité un acteur qui va simuler la douleur croissante par rapport aux chocs électriques, qui ne sont en réalité pas vraiment administrés. On attache donc ce complice sur une chaise, et on place le professeur derrière un tableau sur lequel sont fixés des curseurs gradués par tranche de 25 volts. Au dessous de chacun des curseurs figurent des indications telles que : « choc léger », « choc violent », « choc très violent », « choc dangereux »... Le professeur lit alors la liste de mots à l'élève et commence à lui poser les questions indiquées. Bien évidemment, l'élève se trompe, et à la demande de l'expérimentateur qui représente l'autorité scientifique, le professeur administre des chocs électriques, de plus en plus violents. L'élève commence à hurler de douleur. Le professeur hésite, mais devant l'insistance de l'autorité, il plie et continue à administrer des chocs toujours plus violents. Lorsque l'élève simule le coma, l'expérimentateur pousse l'expérience encore plus loin en demandant au professeur de continuer à administrer des chocs, considérant les non-réponses comme des mauvaises réponses. En réalité, le but de cette expérience était de savoir jusqu'à quel point un individu est prêt à torturer une personne qu'il ne connaît pas, simplement parce qu'une autorité lui en a donné l'ordre. Au bout d'un moment, le professeur se trouve face à un choix : celui de désobéir à l'autorité ou celui de continuer jusqu'à la mort de l'élève. Les résultas de l'expérience montrèrent que sur quarante hommes testés, tous milieux sociaux confondus, 67 % ont accepté d'administrer un choc d'une intensité mortelle ! Tous les autres se sont arrêtés à une intensité de 300 volts, qui aurait, si elle avait été réelle, plongé l'élève dans le coma. Aucun de ces professeurs manipulés mentalement n'a abandonné quand l'élève criait et suppliait l'expérimentateur d'arrêter. Lorsque les personnes testées furent invitées à expliquer leur comportement, toutes rejetèrent la faute sur l'autorité de l'expérimentateur. Voici un mécanisme psychologique que l'on retrouve dans les grands procès pour torture ou crimes de guerre, lorsque la seule explication que donnent les accusés est qu'ils étaient contraints d'obéir aux ordres...

Gag du mentaliste

Vous montrez à l'un de vos amis, un carton sur lequel vous prétendez avoir inscrit un mot. Vous lui posez alors la question suivante : « *Si je te disais que j'ai inscrit un mot sur cette feuille, que je te demandais de me dire n'importe quel mot de la langue française, que je retournais ce papier et que ce mot que tu m'as annoncé soit celui qui est noté, serais-tu, oui ou non, impressionné ?* » Il vous répond : « *Oui.* » Vous enchaînez : « *Est-ce qu'à cet instant précis tu sais le mot qui est marqué sur le papier ?* » Il vous répond : « *Non.* » Vous retournez alors le papier, sur lequel on peut lire le mot « *non* ». Ce petit gag est utilisé par de nombreux mentalistes en prémisse d'un vrai tour de transmission de pensée. Vous pouvez le présenter à un ami, cela fera son petit effet. Derrière son apparente simplicité se cache une subtilité destinée à conditionner votre spectateur à répondre à vos questions uniquement par oui ou par non. La première question est importante, car vous remarquerez qu'elle contient cette suggestion : « *Serais-tu, oui ou non, impressionné ?* » Si, immédiatement après sa réponse, vous enchaînez sur le même rythme avec la question suivante, vous aurez plus de chances qu'il reste dans le même schéma de réponse. Enfin, notez que la formulation de la deuxième question a également son importance, car elle doit induire une fois de plus le fait que la personne est censée répondre par oui ou par non, et doit surtout être suffisamment à double sens pour que le gag fonctionne.

« Psycho cécité »

DANS L'UNE DE SES ÉMISSIONS TÉLÉVISÉES, le mentaliste anglais Derren Brown met en scène une expérience amusante : il arrête une personne dans la rue pour lui demander de lui indiquer son chemin sur une carte. Pendant que la personne lui explique, deux déménageurs, qui transportent une grande peinture, passent entre Derren et sa « victime », les forçant à s'écarter. Un autre magicien, caché derrière la grande toile, prend alors la place de Derren, et continue sa conversation avec la victime comme si de rien n'était... La victime ne remarque absolument rien, pas même lorsque le magicien la remercie de lui avoir indiqué son chemin en la regardant droit dans les yeux. Cette expérience, d'abord menée en 1998 par les chercheurs Simons et Levin[23], montre notre incapacité à détecter un changement, même important, dans notre environnement après une rupture visuelle. D'autres expériences montrent que, lorsque nous nous focalisons sur un point particulier de notre environnement, notre cerveau a tendance à faire un tri, ce qui peut nous empêcher de percevoir d'autres détails présents dans notre champ visuel. Les illusionnistes utilisent cette notion de « cécité attentionnelle », qu'ils appellent communément le « détournement d'attention », pour tromper notre vigilance : ils effectuent par exemple un mouvement ample qui canalise notre attention, rendant psychologiquement invisible un autre petit mouvement qui doit rester insoupçonné.

Mind mapping

Le *MIND MAPPING* (en français les « cartes heuristiques ») est l'une astuce destinée à mieux structurer vos idées en visualisant toutes vos données en un seul schéma.

Voici en guise d'exemple, la *mind map* utilisée pour la conception de ce livre :

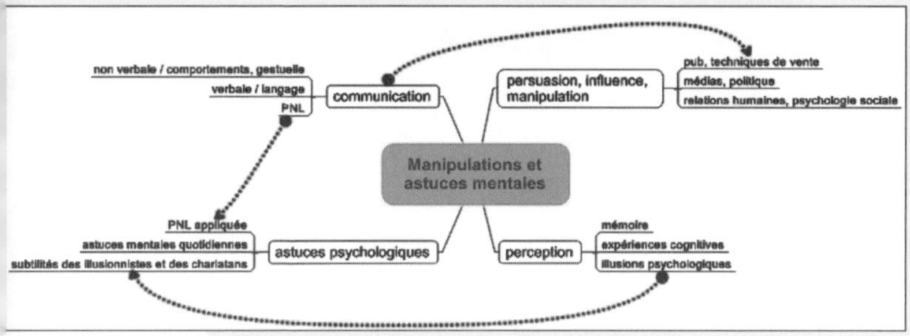

Cette façon de présenter l'information permet de briser la structure linéaire traditionnelle des plans et de mieux formaliser mentalement des liens hiérarchiques entre les différentes informations que vous avez à traiter. C'est Tony Buzan[24] qui a mis au point ce concept, dont le principe est de partir d'une idée centrale, puis de développer, à partir de ce centre, une arborescence permettant d'organiser l'information de manière visuelle et structurée. Les applications sont nombreuses : le *mind mapping* est un formidable outil si vous prenez des notes ou que vous en réorganisiez. Il constitue une aide précieuse à la mémorisation, à la structuration mentale d'une activité ou d'un projet. Enfin, c'est un principe qui réveillera de façon surprenante votre créativité. Il favorise les techniques de *brainstorming*[25] et d'association d'idées. En effet, le système d'arborescence à partir d'un point central permet de développer une idée en la reliant à une autre indéfiniment, dans tous les sens et dans toutes les zones du schéma simultanément, en laissant toujours ces dernières organisées de façon cohérente. De nombreux logiciels permettent de créer de façon très simple des *mind maps*[26]. Vous pouvez tout simplement utiliser une feuille de papier et des crayons de couleur. Écrivez au centre de la feuille l'idée ou le concept autour duquel vous souhaitez développer une réflexion. Puis ajoutez des branches avec des idées ou des informations se rapportant au centre. Poursuivez l'arborescence autant que votre inspiration vous le permet, en « sautant » d'une zone à l'autre du schéma et en traçant des liens entre les différentes informations couchées sur le papier. Vous pourrez ensuite, à partir de ce schéma, prendre la décision de mettre en avant certaines idées plus que d'autres, d'en regrouper quelques-unes et de les réorganiser.

Conditionnement

LE PRINCIPE DU CONDITIONNEMENT est de faire traiter à notre cerveau de façon inconsciente des informations contenues dans un message que nous percevons pour que ces dernières influencent nos actions ou nos décisions futures. On dit alors qu'on *amorce* un comportement. On constate que des gens avec qui on a dialogué en employant des termes familiers ont tendance, dans les minutes qui suivent le dialogue, à s'exprimer à leur tour de façon familière. De la même manière, les mots contenus dans le discours d'un vendeur, les lettres composant une marque ou encore le prénom d'un démarcheur téléphonique sont autant de facteurs d'influence qui peuvent avoir des répercussions sur nos décisions ou nos comportements d'achat. Une simple banalité de langage a son importance pour ancrer un interlocuteur dans un certain état d'esprit. Des phrases telles que « *Bonjour, comment ça va ?* » nous paraissent plus machinales que porteuses d'un réel sens. Or ce genre de formules rituelles induisent des réponses toutes faites telles que : « *Ça va bien* », qui placent l'interlocuteur dans un état mental « positif » qu'il devra confirmer dans ses comportements.

Psychologie de la plume

PEUT-ON VRAIMENT FAIRE CONFIANCE à un docteur qui écrit mal ? Autrement dit, peut-on analyser les compétences ou la personnalité d'un individu à travers son écriture ? Bref, croyez-vous à la graphologie ? Depuis sa création très ancienne, les techniques employées ont évolué, mais un modèle commun à la majorité des graphologues semble pouvoir donner des éléments précis sur le profil psychologique d'une personne à partir d'un texte manuscrit exploitable (un document officiel, type lettre de motivation). En graphologie, on analyse l'ordonnance du texte – c'est-à-dire l'organisation générale de l'écriture, les marges, l'espacement des mots, des lignes –, qui donne des indications sur la clarté, la structure mentale du sujet, ainsi que sur sa capacité d'adaptation. On étudie aussi la dimension du texte (taille, épaisseur, étalement de l'écriture) qui peut révéler la personnalité de l'analysé, son rapport à lui-même, son estime de soi. L'inclinaison du texte ainsi que la vitesse à laquelle il semble avoir été écrit jouent également un rôle, en donnant au graphologue des indications sur la rapidité d'action, l'intensité de l'activité et le rythme de vie. Enfin, la forme des lettres (calligraphiée, arrondie, angulaire) peut apporter des pistes sur le comportement du sujet. Tous ces éléments ne sont pas étudiés indépendamment les uns des autres. Au contraire, ils se nuancent mutuellement en permanence, et permettent au graphologue d'affiner son analyse au fur et à mesure qu'il progresse dans l'étude du texte. Mais la graphologie est-elle une science exacte ? Cette « psychologie de l'écriture » a été très souvent remise en cause par de nombreux détracteurs. Des études menées dans le cadre de tests comparatifs de recrutement ont montré que les corrélations entre la personnalité et l'écriture étaient quasi nulles et apportaient des résultats beaucoup moins efficaces que d'autres types d'épreuves (tests d'aptitude, entretiens, évaluation par les pairs...). En 1989, l'Institut national de la consommation fit étudier de manière anonyme l'écriture de personnalités publiques par plusieurs graphologues, qui donnèrent des analyses contradictoires, voire opposées, d'une même personnalité. Il est souvent reproché à la graphologie d'être trop simpliste dans son interprétation : « *Une écriture arrondie fait de vous quelqu'un de doux et gentil, une écriture anguleuse quelqu'un de plus vigoureux et possiblement méchant. Une écriture avec des marges irrégulières quelqu'un de désorganisé. Des intervalles irréguliers entre les lignes dénotent de sautes d'humeurs...* » Il semble donc que la graphologie soit inefficace. Il n'en reste pas moins que cette discipline est très souvent employée pour vous évaluer psychologiquement et qu'il vaut mieux se préparer à ce que votre plume soit scrutée, surtout en France, un des pays où l'on a le plus recours aux tests graphologiques dans le cadre de recrutements. Si vous préparez une lettre de motivation manuscrite, il est possible de vous procurer un manuel de graphologie et d'étudier les caractéristiques de telle ou telle écriture afin d'en travailler une « sur-mesure » qui fasse ressortir les traits de caractère que vous souhaitez mettre en avant. Entraînez-vous, en fonction du profil psychologique, à écrire plus gros, plus petit, plus droit, plus penché, plus appuyé, etc. Cette technique reste cependant très difficile à mettre au point, car votre réelle façon d'écrire, vos réflexes de tension et d'appui peuvent resurgir et vous trahir. Sachez qu'aux yeux d'un graphologue il n'y a pas de bonne ou de mauvaise écriture. Vous pouvez cependant respecter certaines règles qui relèvent du bon sens pour donner une « bonne impression psychologique ». Tout d'abord, mettez-vous en condition avant d'écrire, comme pour un entretien. Détendez-vous, prenez confiance en vous, motivez-vous. Cette décontraction se ressentira dans votre écriture. Adoptez une écriture simple, aérée, sans fioritures, avec des marges et des interlignes réguliers. Enfin, soignez votre signature pour qu'elle soit en adéquation avec votre manière d'écrire : si vous avez tendance à écrire petit, ne faites pas une énorme signature chargée en bas de page !

Illusions et addiction

EXPÉRIENCE DE LOGIQUE : imaginez que nous lancions une pièce dix fois de suite en l'air. Quel résultat vous paraît le plus probable ? (P pour pile / F pour face)

1) P – P – P – P – P – P – P – P – P - P
2) F – P – P – F – F – P – F – P – P – F
3) P – F – P – F – P – F – P – F – P – F

Bien sûr, le tirage le plus probable est... tous ! Eh oui, en termes purement statistiques, la probabilité d'obtenir pile dix fois de suite est exactement la même que d'obtenir une alternance aléatoire ou une alternance régulière du type pile/face/pile/face. En effet, à chaque lancer de pièce, nous avons une chance sur deux d'obtenir ou pile, ou face, quel que soit le résultat précédent. Les lancers sont indépendants les uns des autres. Cette expérience est un piège cognitif qui nous fait confondre le probable et l'habituel. C'est dans ces pièges cognitifs que finissent par tomber les joueurs compulsifs. Lorsque des thérapeutes aident ces derniers à sortir de leur addiction, ils tentent de les ramener à la réalité en brisant ces illusions : ils leur démontrent qu'il est impossible d'anticiper, de prédire ou d'avoir le contrôle sur un tirage dû au hasard. Prenons l'expérience précédente. On a remarqué que lorsque l'on demande à un joueur compulsif de quel côté va tomber la pièce, il fonde sa prédiction sur l'observation des tirages précédents. Le même phénomène se produit à la roulette. Les casinos vous fournissent même des petits carnets pour que vous puissiez cocher les numéros déjà sortis et, ainsi, vous maintenir dans l'illusion de pouvoir mesurer la probabilité d'un tirage ! Or, à la roulette comme à pile ou face, la probabilité qu'un des trente-sept numéros sorte est la même à chaque tirage, et est totalement indépendante de ce qui est sorti avant. Pourtant, un joueur pariera sur « son » numéro jusqu'au dernier centime, persuadé que plus les tirages avancent, plus il se rapproche du moment où son numéro sortira. Un autre piège cognitif dont sont victimes les joueurs est l'illusion du contrôle, c'est-à-dire le sentiment de pouvoir influer sur le résultat. Un exemple : lorsque vous jouez aux dés et que vous voulez réaliser un score élevé, n'avez-vous pas tendance à jeter vos dés très fort ? Lorsque vous voulez réaliser un résultat plus faible, ne les lancez-vous pas plus doucement ? Vous savez pourtant que la force du lancer n'a aucune incidence sur le résultat ! On retrouve cette illusion du contrôle dans les jeux de loterie. Un joueur est plus impliqué et a le sentiment de mieux maîtriser le jeu lorsqu'il coche ses numéros lui-même, plutôt que lorsqu'on lui remet un ticket de loto flash rempli par un ordinateur. Pourtant, la probabilité de gagner avec l'un ou l'autre des tickets est exactement la même. Une expérience réalisée par Ellen Langer[27] consistait à distribuer au sein d'une entreprise des billets de loterie. Tantôt, le vendeur remettait lui-même un numéro au hasard à l'acheteur, tantôt, il laissait l'acheteur choisir son ticket. Quelques jours plus tard, le même vendeur revenait voir les acheteurs en leur demandant s'ils accepteraient d'échanger ou de revendre leur billet. On a remarqué que les gens qui avaient choisi leur numéro acceptaient beaucoup moins facilement de se séparer de leur ticket que ceux à qui on en avait remis un au hasard. Méfiez-vous de cette illusion du contrôle dans la vie quotidienne. C'est en général lorsqu'un manipulateur évoque notre capacité à être maître de la situation que nous baissons la garde et que nous devenons plus vulnérables.

Stress control

DE PAR L'INTENSITÉ de nos activités, nous sommes souvent soumis à des périodes de stress mental et physique : en réalité ces deux manifestations sont liées, car la situation de stress psychologique exerce une forte influence sur notre fonctionnement physiologique, notamment en modifiant notre tension musculaire ou notre pression sanguine. À long terme, des périodes de stress trop répétées ou trop intenses peuvent poser de sérieux problèmes de santé. Il est donc important d'apprendre à jouer avec notre mental pour mieux gérer les conséquences physiques du stress. Une technique très efficace est celle de l'imagerie mentale. Le principe consiste à utiliser notre imagination pour nous projeter dans un lieu ou dans une situation rassurante. Cela peut être un lieu de vacances, une activité relaxante ou une situation apaisante inventée. Plus nous nous focaliserons sur cette image, en y apportant un maximum de détails perceptifs (odeurs, environnement sonore, sensations tactiles...), plus nous serons détendus. Cela peut apparaître comme une solution miracle, mais l'imagerie mentale possède une réelle incidence, puisqu'elle contribue à modifier l'environnement psychologique qui produit une sensation de stress physique. Si l'on mesure les réactions physiologiques, on constate que la tension musculaire et la pression sanguine d'un sujet diminuent réellement lorsqu'il utilise l'imagerie mentale, de la même façon qu'elle remonte dès qu'il visualise de nouveau un environnement stressant. Projetez-vous donc sur votre lieu de vacances favori : fermez les yeux, imaginez la plage, le bruit de la mer, la sensation de l'air marin sur votre peau. Sentez cette odeur fraîche et relaxante, faites jouer vos cinq sens... Cette visualisation est encore plus efficace si elle est combinée à la technique physique suivante : installez-vous confortablement dans votre siège et fermez les yeux. Au moment où vous commencez à visualiser vos images, prenez des grandes inspirations par le ventre, en ajoutant à chacune d'elles un élément à votre représentation mentale. En soufflant, concentrez-vous sur un muscle que vous vous efforcerez de relâcher au maximum, comme si vous évacuiez la tension de celui-ci par l'air que vous expirez. Commencez par les muscles du bas du corps, en remontant des pieds à la tête. Si vous avez du mal à détendre vos muscles au début, essayez la technique suivante : concentrez-vous sur un muscle, tendez-le au maximum, puis relâchez-le, vous sentirez clairement une relaxation qui vous aidera à poursuivre la démarche. En combinant ces deux techniques, vous parviendrez à occulter l'environnement qui génère dans votre esprit, un stress psychologique, en même temps que les conséquences physiques de ce stress. Gardez tout de même en tête que la meilleure façon de limiter le stress psychologique est de ne pas créer soi-même de situations génératrices de pression, en utilisant des outils destinés à améliorer notre organisation mentale, la gestion de notre temps ou de nos activités : ces techniques peuvent être l'identification précise et réaliste de nos objectifs, la planification de nos tâches, l'analyse et la remise en cause de nos modes de pensée et de travail.

Esprits synchronisés

VOUS PRÉSENTEZ DEUX JEUX DE CARTES. Le spectateur en choisit un et vous prenez l'autre. Vous expliquez alors que lorsque deux personnes parviennent à synchroniser leur gestuelle, une connexion inconsciente s'opère entre leurs esprits et leur permet de mieux communiquer. Vous proposez donc à votre assistant de réaliser une expérience de synchronisation. Chacun commence par mélanger son jeu, puis les jeux sont échangés. Chacun étale celui qu'il a en main devant ses yeux, choisit une carte parmi les cinquante-deux, la sort du jeu et la pose face cachée sur la table. Le spectateur et vous observez alors attentivement les cartes que vous venez de sortir, comme pour en faire une photo mentale, toujours sans vous les montrer. Chaque carte est alors replacée sur le paquet d'où elle a été tirée, et le paquet est coupé. Vous ré-échangez vos jeux et proposez à votre assistant de reproduire les gestes que vous venez d'effectuer, en ressortant chacun la même carte que précédemment. Chacun étale alors le jeu qu'il a en main pour ressortir sa carte choisie. Les cartes sont retournées : ce sont les mêmes ! La force de ce tour de mentalisme provient de tout l'enrobage psychologique que vous lui donnez, avec ce thème de la synchronisation d'esprit. C'est aussi cette présentation qui vous permettra de camoufler la méthode derrière une série d'actions qui paraîtront logiques à votre spectateur. Comment réaliser ce tour ? Commencez par présenter vos deux jeux de cartes (qui n'ont besoin d'aucune préparation) en demandant à votre spectateur d'en choisir un. Expliquez-lui ensuite que vous allez devoir réaliser tous les deux exactement les mêmes gestes. Vous allez commencer par mélanger vos jeux en même temps. À la fin du mélange, vous échangez vos jeux, mais au moment ou vous donnez votre jeu au spectateur, regardez discrètement la carte qui se trouve dessous. Cela est très simple et se fait dans le mouvement de donner le jeu. Imaginons que la carte inférieure de votre paquet soit l'as de pique. Une fois les jeux échangés, vous allez « éventailler » tous les deux le jeu que vous avez en main face à vous et repérer chacun une carte, n'importe laquelle. Chacun sort cette carte du jeu pour la poser sur la table, face cachée. Il est important qu'à ce moment, le spectateur laisse bien l'as de pique sous le jeu qu'il a en main. Chacun referme alors son éventail et pose son paquet sur la table. La situation est donc la suivante : deux cartes face cachée sur la table et, à côté, les deux paquets face cachée également, avec, sous celui de votre spectateur, l'as de pique. Chacun ramasse alors la carte qu'il vient de choisir et la fixe, comme pour bien se la mettre en tête. Vous replacez alors tous les deux votre carte au-dessus du jeu et vous coupez le paquet pour la perdre. Or, en coupant, le spectateur va placer logiquement l'as de pique juste au dessus de celle qu'il vient de sortir du jeu. Il ne vous reste plus alors qu'à échanger à nouveau vos jeux, les étaler devant vos yeux pour ressortir la même carte. Sortez la carte qui se trouve juste avant l'as de pique, en prétendant que c'est celle que vous aviez choisie au départ : ce sera celle du spectateur. Le spectateur lui, ressortira la carte qu'il avait choisie au départ. Retournez les cartes. Ce seront les mêmes !

Manipulation de mémoire

Nos souvenirs peuvent être modifiés ou même créés de toutes pièces par l'utilisation de subtilités psychologiques. Une simple suggestion ou une question orientée peuvent, à notre insu, implanter dans notre mémoire des éléments inventés. Elisabeth Loftus[28], spécialiste de la mémoire, a réalisé de nombreuses expériences pour mettre en avant ce phénomène. L'une d'elles consistait à montrer à des étudiants une série de diapositives d'accidents de la route, et notamment celle d'une voiture qui, après avoir grillé un panneau « stop », avait renversé un vélo. À la suite de la projection, on posait des questions aux étudiants sur les détails de la photo : 87 % se souvenaient avoir vu un panneau « stop ». Quelques semaines plus tard, on demandait à ces mêmes étudiants de parler à nouveau de cette photo, et notamment du panneau « cédez le passage ». Cette question orientée modifia alors le souvenir de 70 % des étudiants, qui se rappelèrent formellement avoir vu un panneau « cédez le passage ». Le sens des mots employés pour interroger une personne à propos de son souvenir peut aussi modifier sa mémoire. Cette même scientifique montra une vidéo d'un carambolage à des étudiants. Quelque temps après, elle demanda à certains d'évaluer, de mémoire, la vitesse à laquelle les voitures s'étaient heurtées. Elle posa à d'autres la même question en remplaçant simplement le mot « heurtées » par le mot « écrasées ». Cette simple influence verbale modifia le souvenir de la violence du choc dans l'esprit des étudiants : ceux avec qui on avait employé le mot « écrasées » estimèrent une vitesse plus élevée que ceux avec qui on avait employé le mot « heurtées ». L'expérience suivante est sans doute la plus amusante. On a projeté à des étudiants ayant tous visité Disneyland pendant leur enfance une publicité pour le parc d'attractions dans laquelle on

voit un enfant serrer la main de Bugs Bunny. À la suite de cette diffusion, on a interrogé les étudiants sur leurs souvenirs liés au parc. Plus d'un tiers des étudiants se sont parfaitement souvenus de leur rencontre avec Bugs Bunny. Ils se sont souvenus lui avoir serré la main ou l'avoir embrassé. Or ce souvenir avait été créé de toutes pièces par la visualisation de la publicité car, Bugs Bunny n'étant pas un personnage Disney mais Warner Bros, il était parfaitement impossible qu'il ait pu déambuler dans les allées du parc ! Vous voyez donc la manière dont nos souvenirs d'enfance sont peut-être faux, car basés sur la mémoire et les récits d'autres personnes (parents, grands-parents), qui ne sont pas infaillibles non plus...
Voici une petite expérience pour créer la confusion dans l'esprit d'un de vos amis et modifier sa mémoire. Lisez-lui à haute voix la liste de mots suivante : «*roue, essence, volant, voyage, bateau, vitesse, amende, péage, moteur, embouteillage, transport, parking, autobus, feu rouge*». Demandez-lui de retenir un maximum de mots dans cette liste. Donnez-lui ensuite quelques mots en lui demandant si oui ou non ils sont dans la liste. Proposez-lui alors des mots tels que «*chaussure, réveil*» puis, au bout de quelques propositions, demandez-lui si «*voiture*» est dans la liste. La plupart du temps, on vous répondra oui, car tous les mots de la liste conditionnent la mémoire de votre ami pour que celui-ci visualise des images liées à la voiture.

Astrologie et probabilités

LES « DÉFENSEURS » DE L'ASTROLOGIE ou de la voyance sont victimes d'une illusion cognitive qui consiste à croire que, puisque l'astrologue ou le voyant a fait une prédiction très précise et juste, le phénomène est attesté. Statistiquement, il est tout à fait normal que, sur la masse de prédictions faites dans une année par un voyant, il y en ait certaines qui fassent mouche ! C'est le contraire qui serait troublant. Le mystère véhiculé par ces sciences parapsychologiques produit un effet de mémoire sélective qui renforce dans nos esprits l'impact d'une prédiction juste, en nous empêchant de la remettre en perspective par rapport au nombre total de prédictions. Nous occultons alors psychologiquement toutes celles qui sont mauvaises. On se souvient de ce qui nous marque, on oublie le reste. Comme le disent G. Charpak et H. Broch dans leur excellent ouvrage *Devenez sorciers, devenez savants* : « Prédisez, prédisez, il en restera toujours quelque chose... »

Temps faibles

L'ILLUSIONNISME EST UNE DISCIPLINE PARADOXALE. L'incompréhension qu'elle crée dans l'esprit du public peut à la fois générer de l'émerveillement et de la frustration. Certains spectateurs aiment se laisser emporter, d'autres, plus cartésiens, veulent garder le contrôle. Lorsque l'on arrive à produire une sensation magique dans l'esprit de ces derniers, la satisfaction n'en est que plus grande ! Pour parvenir à ce résultat, les aptitudes de l'illusionniste doivent dépasser la technique pure : une manipulation, même excellemment réalisée, ne mystifiera pas un spectateur très observateur. Voilà pourquoi dans l'art magique, comme dans notre quotidien, il est parfois utile d'associer à nos compétences techniques, des subtilités psychologiques. L'une d'entre elles est appelée dans le jargon *la théorie des temps faibles*. Les spécialistes de la magie de proximité y ont souvent recours lorsqu'ils présentent des spectacles pendant des dîners ou des cocktails, en se joignant à des groupes de convives. Bien souvent, les magiciens n'effectuent pas de manipulation au moment où l'attention des spectateurs est la plus soutenue, mais font plutôt en sorte que la concentration du public soit maximale au moment où rien ne passe. Psychologiquement, plus une concentration est intense, plus elle sera suivie d'une relaxation intense. Après chaque temps fort, il y a un temps faible, un moment où notre attention se relâche. Les magiciens découpent leur numéro en plusieurs petits effets, qui donneront chaque fois l'impression aux spectateurs que le tour est terminé. Le public réagira par le rire ou par la surprise, puis son attention se relâchera. C'est à ce moment précis que le magicien effectuera une manipulation qui préparera la phase suivante. Une fois cette manipulation effectuée, il demandera à nouveau l'attention du public, mais ce sera trop tard ! En utilisant cette subtilité, on parvient à rendre psychologiquement invisible une action en diluant l'attention des observateurs. Rappelez-vous donc que, plus on est concentré, plus on se relâche. Plus on regarde, et moins on voit. Que se passe-t-il si le magicien est face à un spectateur qui, quoiqu'il arrive, ne quitte pas ses mains des yeux ? Le professionnel peut avoir recours à un autre outil psychologique : la gestion du regard. Lorsque l'illusionniste regarde ses mains et par là-même un objet qui s'y trouve, le spectateur regardera également les mains, car il percevra que l'attention portée à cet objet a une importance. Si, à ce moment précis, le magicien se relaxe et lève les yeux vers le spectateur, ce dernier va sentir cette relaxation et ce changement de regard : il va donc naturellement lever la tête pour regarder le magicien, car il percevra l'interaction comme plus importante. Le magicien va lui dire une petite phrase du genre : « *Eh bien, vous avez décidé de tout scruter, vous !* », tout en effectuant une manipulation. Encore une fois, il aura rendu le mouvement psychologiquement invisible, car le spectateur ne pourra jamais être conscient d'avoir quitté l'objet des yeux, de par la brièveté du changement de regard. Vous voulez mettre en pratique ces deux outils ? Essayez la petite expérience suivante. Asseyez-vous à une table face à un ami, prenez un briquet en main droite et allumez-le en le regardant. Faites semblant de prendre la flamme entre le pouce et l'index de la main gauche. En réalité, vous éteignez simplement le briquet au moment où vous « prenez » la flamme. Votre main gauche repart vers la gauche, et vous faites semblant de jeter cette flamme imaginaire en l'air, en la suivant du regard comme si elle retournait vers le briquet. Le spectateur suivra votre regard. Au moment où cette flamme imaginaire arrive sur le briquet, rallumez-le. Ce gag amusera votre spectateur, dont l'attention se relâchera. Refaites la même action en faisant mine de prendre la flamme avec la main gauche, mais au moment où votre main gauche repart vers la gauche, toujours en la suivant du regard, lâchez le briquet derrière le rebord de la table. Relevez la tête et dites au spectateur : « *Encore une fois.* » Jetez la flamme imaginaire en l'air. Au moment où celle-ci arrivera vers la main droite, le briquet aura disparu ! Vous aurez réussi à diminuer la concentration de votre victime et à maîtriser son regard.

Vendeurs

DANS LES SÉMINAIRES DE PNL appliquée à la vente, on entend très souvent l'affirmation suivante : « C'est le client qui dit comment il faut lui vendre le produit. » Imaginons un vendeur de voitures en relation avec un client potentiel. Ce dernier entre dans la concession et s'approche du vendeur : « *Bonjour, monsieur. Je compte acheter une voiture, je n'ai pas d'idée précise du modèle, mais je souhaiterais me renseigner, j'ai vu que vous en aviez de très belles en vitrine*. » Le vendeur propose au client de voir quelques modèles. « *Monsieur Client, cette voiture est vraiment très intéressante : elle allie à la fois puissance et fiabilité, c'est un moteur 16 soupapes, avec une commande turbo, etc.*

– *Oui, je vois.* Le client lui montre une autre voiture. *Et sinon, celle-ci a l'air très agréable, elle a de belles lignes...*

– *Oui, monsieur Client, elle fait partie de la dernière génération, elle a une boîte 6 vitesses, et un système ABS dernier cri...* » Le client remercie le vendeur en lui disant qu'il va réfléchir et s'en va sans manifester un réel désir d'acheter.

Que s'est-il passé ? En lisant ce petit dialogue simpliste, on se rend compte que monsieur Client est entré dans le magasin avec ses valeurs, ses priorités. Il les a exprimées au vendeur dans ses mots et son comportement, mais le vendeur n'en a pas tenu compte, il n'a donc pas pu entrer dans une communication efficace. Si ce vendeur avait étudié la PNL, il aurait remarqué que ce qui comptait le plus pour monsieur Client, c'était l'esthétique, l'aspect visuel et confortable d'une voiture : « *J'ai vu que vous en aviez de très belles en vitrines... Elle a de belles lignes...* » Au lieu d'être à l'écoute et de communiquer avec son interlocuteur sur les aspects importants pour lui en utilisant son système de perception préférentiel (la vue), il a fait un argumentaire technique qui, visiblement, n'a pas retenu l'attention de monsieur Client.

« Idéomoteur »

Nous avons déjà vu à plusieurs reprises dans cet ouvrage que notre corps reflète souvent notre pensée, à travers un comportement, une gestuelle ou une réaction physiologique. Le phénomène qui suit est certainement l'un des exemples les plus fascinants de l'influence de l'esprit sur le corps. Nous pouvons en effet effectuer des mouvements musculaires sans en être conscients. Vous avez sans doute déjà vécu l'expérience – ou du moins en avez-vous entendu parler – d'un verre ou d'une table qui bouge, dans une séance de spiritisme. Peut-être avez-vous déjà vu un pendule osciller entre les doigts d'une femme, indiquant le sexe de son futur bébé ? La plupart du temps, c'est ce phénomène dit des « *mouvements idéomoteurs* » qui en est responsable. Ces mouvements inconscients, qui font partie du fonctionnement normal de notre corps, au même titre que respirer, avaler ou cligner des yeux, sont souvent influencés par ce que nous pensons, ce que nous voulons ou ce que nous attendons.

Laissez-moi vous raconter une anecdote personnelle : je me trouvais il y a quelque temps chez ma belle-sœur, enceinte à l'époque, pour une réunion de famille. Deux de mes beaux-frères et ma femme décidèrent de placer un pendule au-dessus du ventre de la future mère pour déterminer le sexe de son enfant. Précisons que tous espéraient que l'heureux événement serait une fille. Je me trouvais à ce moment dans une autre pièce avec mon beau-père. Ils confectionnèrent alors un pendule et, le tenant chacun à tour de rôle, ils déterminèrent que, si le pendule oscillait en cercle, ce serait une fille, et d'avant en arrière, un garçon. Ce dernier tourna systématiquement en cercle. Impressionnés de voir que le résultat était le même à chaque fois, ils appelèrent le sceptique de la famille (moi) pour me demander à mon tour de tenter l'expérience. Évidemment, le pendule ne bougea absolument pas. Enfin, ils demandèrent à mon beau-père de le tenir à son tour, sans que celui-ci ne sache les résultats précédents : le pendule balança cette fois-là d'avant en arrière. Plus tard, je demandai à mon beau-père s'il préfèrerait avoir un petit-fils ou une petite-fille : il me répondit qu'il s'attendait depuis quelque temps à avoir un petit-fils... Cela faisait malgré tout quatre filles contre un garçon d'après le pendule. Il y a quelques mois est né Matis, un petit garçon. Cette expérience illustre bien la façon dont nos pensées influencent ces mouvements musculaires. Nous sommes conscients que ces mouvements ont lieu, mais nous ne sommes pas capables psychologiquement de déterminer que nous en sommes la cause, ce qui explique l'honnêteté et la totale bonne foi des gens qui en sont victimes et qui croient vivre une expérience parapsychologique. De plus, ce phénomène se manifeste encore davantage sous la pression d'un groupe. Voilà pourquoi on le retrouve souvent dans les expériences de spiritisme.

Vous pouvez essayer vous-même quelques petites expériences amusantes, pour vous ou pour des amis, en vous confectionnant un pendule avec n'importe quel objet un peu lourd attaché au bout d'une ficelle (clef, bague...). Laissez pendre votre pendule dans un verre, sans qu'il touche ni les bords ni le fond, et concentrez-vous très fort sur un point du verre, en vous efforçant de ne pas bouger le bras. Vous constaterez que, même en connaissant l'existence des mouvements idéomoteurs, vous verrez quand même le pendule osciller en direction du point sur lequel vous êtes concentré. Vous pouvez aussi tester la crédulité d'un ami en lui donnant une fausse information concernant un membre de votre famille décédé (le prénom de votre arrière-grand-mère, par exemple). Lorsque vous vous retrouverez avec d'autres amis, disposez plusieurs lettres d'un Scrabble en cercle sur une table et placez un verre retourné au centre. Demandez-leur de placer le bout de leurs doigts sur le verre, en leur disant que vous allez essayer de leur transmettre le prénom de votre arrière-grand-mère. Vous verrez que celui qui croit le connaître commencera inconsciemment à déplacer le verre vers l'initiale du prénom et sera très rapidement suivi par le reste du groupe. Lorsque la première lettre aura été révélée, vous le verrez sûrement très impressionné, et vous lui direz seulement à ce moment-là que vous aviez menti sur le prénom, avant de lui expliquer ce qu'est un mouvement idéomoteur ! Les illusionnistes utilisent ce principe pour réaliser des tours qui troublent réellement l'auditoire. Ils demandent par exemple à un spectateur de choisir une carte puis la font retrouver à un autre grâce à un pendule que ce dernier tient. Connaissant la carte, au moment où elle lui est présentée par l'artiste, il réagit de façon inconsciente et fait bouger le pendule. C'est encore une technique utilisée par les artistes qui pratiquent le *muscle reading*. Le principe est de placer quelques objets sur une table et de demander au spectateur d'en choisir un mentalement. L'illusionniste prend ensuite la main du spectateur et la déplace lentement au-dessus de chaque objet en lui demandant de le guider mentalement, sans bouger. Lorsque le magicien s'éloigne de l'objet, le spectateur doit penser « *stop !* ». L'artiste parvient alors à déterminer l'objet choisi en sentant une résistance inconsciente provoquée par le spectateur lorsque sa main s'éloigne de l'objet. Parfois même il arrive que le spectateur guide l'illusionniste vers l'objet auquel il pense ! Vous pouvez, avec de l'entraînement, tenter l'expérience suivante. Demandez à un ami de tendre sa main et de penser à l'un de ses doigts, en se concentrant très fort dessus. Touchez ensuite ses doigts un par un, vous sentirez une raideur dans le doigt choisi.

Argumenter pour convaincre

DANS LE DOMAINE PROFESSIONNEL aussi bien que personnel, les discussions et l'argumentation sont des concepts récurrents. Conversations politiques en famille ou entre amis, réflexion autour des méthodes de travail, réunion de copropriétaires... les situations dans lesquelles nous pouvons être amenés à exprimer un désaccord envers autrui ou à défendre bec et ongles notre point de vue, sont nombreuses, et souvent houleuses. Il est parfois angoissant de s'opposer verbalement à quelqu'un. Par timidité ou par peur face à une pression parfois trop pesante de l'interlocuteur, nous avons souvent tendance soit à nous murer dans le silence, en renonçant à exprimer notre désaccord, soit à nous emporter, parfois violemment pour pallier cette montée d'émotion qui nous domine. Pourquoi réagissons-nous de cette manière ? Parce que la plupart de nos opinions ou de nos décisions sont fondées sur des émotions et non sur des raisonnements, ce qui peut réveiller chez nous de la peur ou de la colère, tantôt pour combattre, tantôt pour se défendre. On peut alors se dire que, pour persuader quelqu'un, la meilleure solution est de jouer sur la corde sensible, en utilisant l'émotionnel plutôt que le rationnel. Cependant, jouer sur l'émotionnel, c'est manipuler et non pas convaincre (c'est notamment une manipulation psychologique utilisée par la publicité). Argumenter, en revanche, c'est persuader en respectant son interlocuteur. C'est organiser son discours pour que ce dernier apporte des éléments cohérents et justes qui vont démontrer à votre interlocuteur que ce qu'il pense n'est peut-être pas totalement exact. La meilleure façon de produire un doute dans l'esprit de votre interlocuteur, c'est de créer un vrai dialogue, ce qui est possible même avec une personne qui défend agressivement son point de vue. Voici quelques techniques psychologiques qui permettent d'instaurer un dialogue même dans des conditions difficiles et qui vous aideront à mieux convaincre. Comme le souligne Philippe Breton[29], docteur en sciences de l'information et de la communication : « *On ne peut pas convaincre quelqu'un avec les arguments qui nous ont convaincus nous-mêmes* », tout simplement parce que toute raison personnelle que nous avancerons ne fera que braquer l'autre, et sera rejetée en bloc. Pour convaincre, il faut montrer de l'intérêt et du respect pour le point de vue de notre interlocuteur. Cela suppose de ne pas prendre son éventuelle animosité de façon personnelle, mais de chercher à comprendre les raisons qui lui font adopter une telle attitude. Plus nous répondrons violemment à la violence, plus cela engendrera un dialogue de sourds. En étant réellement à l'écoute, on comprend le fond de la pensée de notre « opposant », ce qui nous permet d'avancer un argumentaire qui sera adapté à *son* raisonnement, et qui le renverra à ses éventuelles contradictions. En effet, une personne ne pourra pas changer d'avis, même si elle est convaincue qu'elle a tort, tout simplement parce qu'elle ne voudra pas manquer de consistance à vos yeux. Écouter ce qu'elle a à dire puis prolonger son raisonnement en ajoutant des informations nouvelles lui permettra de changer d'avis tout en restant cohérente. De plus, elle aura le sentiment que le raisonnement qui vous pousse à la faire changer d'avis vient d'elle au départ, ce qui facilitera sa reconsidération. Chaque argumentation dépend, en réalité, non pas de nos valeurs, mais de celles de la personne qui se trouve en face de nous.

5e sens et demi

LES ILLUSIONNISTES PSYCHOLOGIQUES utilisent leurs cinq sens pour donner l'illusion qu'ils en possèdent un sixième. En employant des subtilités visuelles, auditives, tactiles et parfois même olfactives, ces artistes parviennent à obtenir des informations à l'insu des spectateurs, ce qui leur permet ensuite de faire croire qu'ils les ont devinées par le seul pouvoir de leur esprit. Voici quelques-unes de ces finesses « perceptuelles » : lorsque l'on demande à un spectateur d'écrire une information sur un morceau de papier, on peut, en observant attentivement le mouvement de son crayon, deviner les lignes qui sont en train d'être tracées sans qu'il s'en aperçoive. Il faut pratiquer cette technique avec des informations simples, telles qu'un chiffre entre 1 et 10 ou une forme géométrique. Il faut aussi persuader le quidam que vous avez une attitude détachée par rapport à ses actions, afin qu'il ne se doute pas que vous allez le regarder en train d'écrire. L'illusionniste donne par exemple un carton rectangulaire à un spectateur en lui demandant d'y écrire un par un tous les chiffres compris entre 1 et 10, en les disposant en deux rangées, comme ceci :

0	1	2	3	4
5	6	7	8	9

Pendant que le volontaire s'exécute, l'artiste ne se préoccupe absolument pas des actions effectuées, il parle avec le reste du public, ce qui montre qu'il n'a pas besoin d'être attentif à ce qu'écrit son assistant. Lorsqu'il sent que ce dernier est sur le point de terminer, il lui demande, dans la continuité de son action, d'entourer un de ces chiffres et, pour cela, il se retourne quelques instants vers lui nonchalamment. Au moment où le spectateur s'exécute, la disposition des chiffres fait qu'il est assez simple de repérer où se trouve le stylo, et donc de déduire quel est le chiffre choisi. Pour les formes géométriques, c'est exactement la même chose. L'illusionniste peut même deviner la forme dessinée sans regarder le spectateur écrire, en s'aidant du son que fait le crayon sur la feuille. Il donne pour cela un crayon assez court au spectateur, ce qui l'obligera à appuyer davantage sur la feuille et donc à faire plus de bruit. Si on donne le choix entre des formes géométriques qui possèdent un nombre de côtés différent, il est aisé d'entendre le nombre de traits effectués : rond = 1, croix = 2, triangle = 3, carré = 4... Avec de la pratique, on peut même demander au spectateur de faire un vrai dessin. En effet, comme la majorité des gens ne sait pas très bien dessiner, on a de grandes chances de retrouver les mêmes motifs : une fleur, un arbre, une maison, un soleil, un bonhomme... En connaissant ce réflexe psychologique et en observant discrètement le mouvement du stylo, on parvient assez facilement à deviner un dessin. Le toucher est également une « arme perceptuelle » très utile. Il est possible de marquer un objet de façon tactile pour le reconnaître parmi plusieurs autres objets de même nature dans un sac, ou en ayant les yeux bandés. Les premiers mentalistes utilisaient par exemple une petite boulette de cire collée secrètement sur un de leurs doigts. Ils empruntaient aux spectateurs plusieurs billets de banque. Le numéro de série de l'un d'eux était noté, puis tous les billets étaient mélangés dans un sac. En manipulant le billet noté, l'illusionniste collait la boulette de cire sur un des coins. En plongeant sa main dans le sac, il parvenait ensuite à sentir la boulette sur le billet et le ressortait victorieusement du sac.

Phobies

Avez-vous, vous, profondément peur de quelque chose ? Peur au point d'être pris(e) d'angoisse rien qu'à la vue de cette chose ? Savez-vous que cet effroi envers un objet, un animal ou une situation précise, quelle qu'elle soit, est partagé par beaucoup de gens ? On estime qu'environ une personne sur dix souffre d'une phobie. Ce trouble va au-delà de la peur, car il introduit une réaction irrationnelle et disproportionnée par rapport au danger que la personne phobique encourt réellement. La plupart du temps, d'ailleurs, la victime est consciente de cette irrationalité, mais, démunie de ressources psychologiques, elle ne peut s'empêcher de ressentir une frayeur qui peut même se transformer en panique. La majeure partie du temps, il est possible d'échapper à sa phobie. On peut très bien vivre avec une peur bleue des rats, dans la mesure où nous ne sommes pas confrontés à ces bestioles tous les jours. Heureusement ! En revanche, certaines phobies sont très handicapantes, car elles touchent leur victime dans sa vie quotidienne ; parmi elles, on distingue les phobies sociales (peur de se retrouver dans une situation humiliante de par nos interactions avec les autres). Comment les vaincre ? En général, lorsque nous sommes victimes d'une phobie, la stratégie psychologique que nous ou notre entourage employons pour nous raisonner est une approche de contrôle. Nous essayons de prendre sur nous intérieurement en nous disant qu'il n'y a aucune raison d'avoir peur, ou nous entendons des phrases du type :
« *Il y a plus de morts sur la route que dans les crashs d'avion !* », « *C'est pas la petite bête qui va manger la grosse !* », « *Ok, tu vas prendre la parole devant cinquante personnes, et alors ? N'y pense pas !* » Cette loi du contrôle est très peu efficace, car elle ne fait que retarder la réaction d'angoisse, enterrant les vraies raisons et les vrais mécanismes qui nourrissent notre phobie. Si vous êtes sujet à ce phénomène et que vous êtes confronté(e) à une crise d'angoisse, vous pouvez, à court terme, utiliser la technique des *détails mentaux*. Concentrez-vous sur l'environnement qui vous entoure (objets, meubles...) en vous en faisant une description mentale la plus détaillée possible : « *Il y a une voiture, bleue, cabossée sur le pare-chocs avant.* » Cette

technique vous aidera à occuper momentanément votre esprit, pour atténuer l'impact de la situation qui vous effraie. En revanche, si vous voulez en finir avec votre phobie, il semble qu'une technique efficace soit la *thérapie comportementale*. Le principe consiste à se confronter à sa peur par paliers croissants, en imaginant d'abord en détail cette confrontation, en évoquant ce que celle-ci représente pour nous. Petit à petit, on matérialise réellement la confrontation, d'abord par des photos, puis par des contacts directs, accompagnés d'un travail sur la relaxation et la gestion de la peur. En ce qui concerne les phobies sociales, les patients travaillent plus sur des concepts tels que l'acceptation de soi et l'acceptation du regard des autres. Voici, selon une étude réalisée il y a quelques années en France, le classement des plus grandes peurs. Vous retrouverez certainement la vôtre dans cette liste :

–1) serpents
– 2) vertige
– 3) araignées
– 4) rats
– 5) guêpes
– 6) lieux clos
– 7) feu
– 8) sang
– 9) obscurité
– 10) foule

Dépense gâchée

IMAGINEZ LA SITUATION SUIVANTE. Vous voulez aller voir le concert d'un groupe que vous aimez bien. Vous prenez à l'avance une place qui vous revient à 50 euros. Quelques jours après, des amis vous proposent de les accompagner au concert d'un autre groupe que vous aimez beaucoup. La place est à 20 euros. Vous la prenez également, mais vous vous rendez compte après coup que les deux concerts tombent le même soir et que vous ne pourrez vous faire rembourser aucun des deux billets. Vous avez donc à choisir entre un concert tout seul et un concert entre amis qui s'annonce plus sympathique. Pour lequel allez-vous opter ? Il y a fort à parier que, comme la majorité des gens, vous choisirez le concert qui vous est revenu à 50 euros, parce qu'il vous a coûté plus cher que l'autre et que vous ne vous faites pas à l'idée d'avoir gâché cette somme d'argent pour rien. Mais analysez la situation : n'auriez-vous pas eu plutôt intérêt à vous faire plaisir en choisissant l'autre, étant donné que, dans tous les cas, votre soirée vous coûtait 70 euros ? Nous avons tendance – c'est l'une des caractéristiques psychologiques de l'être humain – à conserver un raisonnement sur lequel nous nous sommes engagés en temps, en énergie ou en argent, même si nous savons que l'abandonner au profit d'un autre serait plus profitable. Cette notion de *dépense gâchée* (« sunk cost »), mise en avant par les travaux de Arkes et Blumer[30], se matérialise à travers de nombreuses situations : le joueur de poker qui a parié une grosse somme d'argent et qui sait que ses chances de gagner sont très faibles face à son adversaire qui vient de mettre plus que lui sur le tapis va tout de même continuer à miser, car la somme qu'il a engagée est trop importante pour qu'il puisse se résigner à l'abandonner et à se dire qu'elle n'a servi à rien. De la même façon, imaginez un chef d'entreprise qui prévoit d'investir 100 000 euros sur cinq ans pour développer un nouveau produit. Au bout de la quatrième année, ayant déjà investi 80 000 euros dans le projet, il apprend que le produit vient d'être commercialisé par une autre société. Ce malheureux chef d'entreprise aurait tout intérêt à ne pas gaspiller les 20 000 euros restants, pourtant, l'idée que les 80 000 euros déjà engagés vont être gaspillés sera tellement difficile à accepter qu'il préférera sûrement aller au bout de son investissement, et ce, contre toute logique économique. Nous sommes donc au quotidien sous l'influence de nos propres décisions et de nos propres engagements. Que ferez-vous la prochaine fois que vous aurez attendu vingt minutes un rendez-vous qui ne vient pas ? Devrez-vous continuer à l'attendre, compte-tenu du temps que vous aurez déjà perdu, ou au contraire partir sans perdre davantage de temps ? Grand dilemme...

Petit (effectif) mais costaud

DANS LES ANNÉES 70, sur les plateaux de télévision, beaucoup d'illusionnistes charlatans ont prétendu qu'ils étaient capables d'exercer leurs pouvoirs paranormaux à distance, notamment chez les téléspectateurs. Ils annonçaient qu'ils allaient réussir à arrêter des montres, à griller des ampoules ou à faire changer l'atmosphère de la pièce (rendre l'air plus étouffant, plus humide ou plus froid). Pour prouver leurs dires, ces médiums demandaient à toutes les personnes chez qui se manifesterait un tel phénomène d'appeler la chaîne concernée. Les standards recevaient effectivement des centaines d'appels de gens dont les ampoules avaient grillé ou dont les montres s'étaient arrêtées... Les charlatans avaient alors une réputation bâtie, car prouvée devant des millions de téléspectateurs. À présent, me croirez-vous si je vous disais que VOUS auriez pu être sur le plateau à leur place et qu'en vous concentrant très fort vous auriez pu obtenir le même résultat ? Comment ? En utilisant l'illusion psychologique que les bonimenteurs employaient, à savoir *l'illusion du petit effectif*. Imaginez des millions de personnes qui regardent leur télé, imaginez dans tous ces foyers le nombre de montres ou d'ampoules en fonctionnement. Sur une émission d'une durée au moins équivalente à une heure et demie, des centaines d'ampoules peuvent griller. Après tout, ce n'est pas si rare que ça ! Les charlatans savent très bien que les personnes victimes de cette coïncidence seront tellement impressionnées qu'elles appeleront le standard pour relater leur expérience. Bonne opération pour l'illusionniste. Il suffit que quelques milliers de personnes appellent pour que le phénomène devienne crédible. Quelques milliers d'appels peuvent suffire à encombrer le standard, ce qui donne l'illusion qu'énormément de personnes téléphonent. Les spectateurs chez qui il ne s'est rien passé (la quasi-totalité) se diront qu'ils font partie des rares qui n'ont pas été réceptifs au pouvoir du voyant. Pour des manifestations telles que les changements d'atmosphère ou de température dans la pièce, la méthode relève de l'autosuggestion. Les personnes qui veulent que cela arrive le sentent : la manifestation du phénomène est tellement subjective (refroidissement, atmosphère qui s'humidifie...) qu'elle en devient immensurable. Tout se passe dans la tête de celui qui veut croire. C'est exactement la même chose quand on a affaire à des gens qui prétendent avoir des dons de guérisseur, de magnétiseur, ou de coupe-feu. Une illusion du petit effectif crédibilise les cas de réussite, si faibles soient-ils par rapport aux cas d'échecs. Ajoutez à cela la plupart du temps un concours de circonstances qui fait que le mal rentre dans l'ordre au moment où la consultation a lieu, chose qui se serait produite de la même façon sans la consultation. Enfin, terminez par une bonne dose de psychosomatique, et vous saurez comment on peut soigner en plaçant sa main au-dessus de quelqu'un ou en se concentrant très fort par téléphone !

Hypnose

SI L'HYPNOSE EXISTE VRAIMENT AU SENS MÉDICAL du terme, une confusion est souvent faite en ce qui concerne les expériences pratiquées par les mentalistes dans le cadre de leurs spectacles. En réalité, plus que d'hypnose au sens littéral du terme, il s'agit de techniques de suggestion, qui consistent à créer une perception artificielle dans l'esprit du spectateur par les mots, par l'attitude et par le protocole expérimental adopté par l'artiste. L'objectif est d'obtenir des réactions influencées par cette manipulation de la perception. On peut ainsi modifier la sensation du temps, les sensations visuelles, tactiles, gustatives, olfactives, ou encore la tolérance à la douleur. Les subtilités psychologiques permettant de créer des suggestions puissantes sont nombreuses. L'une d'elles consiste par exemple à lier un élément vrai, dont le sujet est parfaitement conscient, à un élément faux, que l'on veut induire dans son esprit pour créer un schéma progressif d'acceptation. Ainsi, un hypnotiseur dira à son sujet : « *À mesure que vous êtes assis sur cette chaise, que vous voyez ces lumières autour de vous, que votre respiration ralentit, que vous êtes de plus en plus calme* – éléments vrais, réellement perçus par le sujet –, *vous commencez à percevoir que les muscles de vos paupières se détendent, deviennent moins rigides, que les battements s'espacent et que vos yeux se ferment petit à petit, tranquillement, sur le rythme de votre respiration* – élément suggéré par le mentaliste. » Un autre principe consiste à induire, grâce à des présupposés, des perceptions sensorielles qui forcent le sujet à avoir une vue subjective des sensations qu'il éprouve. L'artiste peut dire au spectateur : « *Je voudrais que vous soyez attentif à la sensation que vous allez éprouver dans quelques instants sur votre peau. La plupart des gens sont assez sensibles pour la percevoir. Sentez-vous à quel point certaines parties de votre corps commencent à éprouver cette sensation particulière ?* » En disant cela, l'artiste laisse au sujet la possibilité de ressentir n'importe quelle sensation, car il n'en précise pas la nature. De plus, il conditionne le sujet à éprouver une sensation en insistant sur la sensibilité des autres. Imaginons que le spectateur se focalise sur une partie de son corps et, de par la suggestion précédente, commence à sentir un fourmillement. L'artiste va alors se servir de cette amorce pour renforcer son effet : « *Très bien, vous sentez effectivement cette démangeaison. Plus vous vous concentrez pour ne pas y penser, pour ne pas vous gratter, et plus cette envie grandit et devient forte...* » Enfin, toute l'atmosphère créée par l'artiste joue également un rôle, car elle place le sujet dans l'attente et lui donne le sentiment que tout le protocole employé ne peut aboutir qu'à la réussite de l'expérience. Le mentaliste utilise énormément l'imaginaire : en demandant par exemple au sujet de fermer les yeux et d'imaginer qu'il monte un escalier pour arriver vers une source de lumière relaxante, il exprime des métaphores qui viennent renforcer ou illustrer les perceptions du sujet. Il adopte une voix calme et rassurante, sans communiquer de sentiment de domination ou de puissance, afin que le sujet ne soit pas tenté d'entrer en lutte avec lui, mais qu'il ait plutôt envie d'être accompagné par lui.

Voici une petite expérience de suggestion que vous pouvez essayer avec un ami. Demandez-lui de joindre ses mains en croisant les doigts, mais en laissant les deux index tendus et séparés de quelques centimètres. Vous pouvez ensuite user des suggestions suivantes. « *Tu as sûrement déjà remarqué à quel point nous pouvons parfois effectuer des mouvements inconsciemment, sans avoir l'impression de pouvoir les contrôler... Je voudrais que tu regardes très attentivement le bout de tes index et que tu commences à te concentrer sur ta respiration, en la ralentissant très progressivement. À mesure que ta respiration ralentit, je voudrais que tu détendes au maximum les muscles de tes bras et de tes mains, en laissant bien tes index tendus. Comme ta respiration ralentit, que tu te détends, je voudrais que tu sois très attentif au bout de tes index et que tu laisses venir à toi cette sensation qui est en train de se produire doucement dans tes doigts. Regarde bien le bout de tes index... Tu vois ? Tu vois le bout de tes doigts commencer à se rapprocher très doucement ? Tu vois cette image, tu en es conscient, tes doigts se rapprochent de sorte que, plus tu veux les écarter, plus ils se rapprochent, et plus tu les laisses se rapprocher, plus ils se rigidifient sans pouvoir revenir en arrière. Tu sens cette rigidité ? Au moment où ils vont être le plus rigides, tes index vont se toucher !* » Vous verrez que votre ami rapprochera inexorablement ses index jusqu'à ce qu'ils se touchent. En maîtrisant bien le texte, vous pourrez réussir à produire ce phénomène rapidement. Mais l'avantage de cette expérience, c'est que, même si la personne avec qui vous la pratiquez n'est pas très réceptive à votre suggestion, cette position des mains avec les index tendus est très difficile à maintenir longtemps sans que la fatigue musculaire ne les fasse se rapprocher au bout d'un moment. Si vous n'êtes pas un bon hypnotiseur, vous pourrez quand même avoir votre sujet à l'usure !

Serveurs...

Pourquoi certains serveurs parviennent-ils à doubler leur salaire en pourboire, tandis que d'autres se plaignent de la « radinerie » des gens ? Une ruse très employée consiste à rendre la monnaie en donnant plein de pièces de petite valeur, qui inciteront le client à laisser une partie de la monnaie pour ne pas s'encombrer, d'une part, et parce que la valeur lui paraîtra moins importante que si le serveur lui rend une ou deux pièces de plus grande valeur : plutôt dix pièces de 10 centimes qu'une pièce de 1 euro ! Mais au-delà de cette technique, et outre l'environnement (établissement, type de clientèle...), plusieurs facteurs entrent en ligne de compte de manière plus que significative. Encore une fois, tout n'est qu'une question de perception ! L'apparence physique est très importante : si vous êtes un serveur ou une serveuse soigné(e) et agréable – bien habillé(e), propre et souriant(e) –, vous récolterez de meilleurs pourboires. Le moindre petit détail peut faire la différence : une expérience menée par Stillman et Hensley montre qu'une serveuse qui porte une fleur dans les cheveux augmente en moyenne ses pourboires de 17 % ! Un client sera également plus généreux à votre égard s'il vous perçoit comme particulièrement généreux envers lui ; une technique toute bête consiste à renforcer une perception de générosité déjà existante dans son esprit. Lorsque vous apportez son café au client, si vous lui mettez deux chocolats au lieu d'un, en le lui faisant subtilement remarquer, le pourboire aura de grandes chances d'être plus grand que si vous n'en apportez qu'un. Encore mieux : apportez le café avec un chocolat, quittez la table, puis revenez avec un deuxième chocolat. Le client percevra ce geste comme une attention particulière à son égard. Une étude réalisée par Strohmetz[31] en 2002 montre que si le serveur apporte un chocolat, le pourboire représente en moyenne 19 % de la note totale, quand il apporte deux chocolats, 21 %, et avec la technique du 1 + 1, 23 % ! Ces petits écarts de pourcentages représentent des montants conséquents si on les applique à tous les clients qu'un serveur est amené à rencontrer dans l'année. Autre artifice : quand vous prenez la commande, répétez à haute voix, chaque plat que vous dit le client au lieu de les noter silencieusement, vous lui donnerez le sentiment que vous êtes à l'écoute, et cela apaisera son inquiétude de se retrouver avec un plat totalement différent de ce qu'il a commandé. L'illusion de proximité joue également un rôle : un serveur qui se penche légèrement vers un client pour dialoguer installe inconsciemment une relation d'intimité qui joue en sa faveur. Enfin, des études menées par le psychologue Nicolas Guéguen[32] soulignent l'influence directe du toucher sur le comportement des clients : une serveuse qui leur demande ce qu'ils veulent boire en leur effleurant le bras augmente considérablement ses chances de recevoir un pourboire élevé. Les magiciens qui travaillent dans les restaurants connaissent quelques astuces psychologiques qui permettent d'ancrer dans l'esprit du client le fait qu'il devra laisser un pourboire à l'artiste. Par exemple, ils terminent leur numéro avec un tour nécessitant d'emprunter un billet. À la fin du tour, le billet se trouve ostensiblement entre les mains du magicien : le spectateur a déjà inconsciemment accepté de laisser le billet et lui dira souvent de le garder. Ces artistes ont aussi recours à l'influence verbale, en glissant dans leurs numéros quelques allusions humoristiques au fait qu'il faudra laisser un pourboire. Un serveur peut aussi utiliser ces conditionnements verbaux en jouant de ses erreurs. S'il a oublié un couvert, il pourra, en l'apportant au client, dire sur le ton de l'humour : « *Eh bien, je ne suis pas sûr d'avoir un pourboire à cette table !* » Cela induira la notion de pourboire dans l'esprit du client, et permettra au serveur d'utiliser le biais humoristique pour créer une intimité.

ESP

SIXIÈME SENS, TÉLÉPATHIE, CLAIRVOYANCE, PRÉCOGNITION ; tous ces concepts peuvent être regroupés sous un même terme « scientifique » : ESP, *extra sensory perception* ou, en français, perception extra-sensorielle. C'est le docteur Joseph Banks Rhine[33], convaincu de la véracité des phénomènes parapsychologiques, qui fut un des premiers dans les années 1930 à mener aux États-Unis, des recherches destinées à mettre en avant l'existence de la perception extra-sensorielle. Il mit en place une série d'expériences dont l'objectif était de mesurer de façon statistique les résultats obtenus par des médiums dans diverses conditions de test. Pour cela, il utilise des cartes créées par le psychologue Karl Zenner (cartes ESP ou cartes Zenner), qui comportent chacune un symbole différent sur leur face : une étoile, un carré, un rond, une croix et des lignes en forme de vagues. Il s'agit, avec deux séries de cinq cartes, de placer l'une d'elles face cachée : le médium doit essayer de placer par intuition télépathique le même symbole sur la table. Il le place avant ou après l'expérimentateur, selon que l'on veuille mesurer ses capacités à capter une information ou son aptitude à la prédire. On joue sur la distance entre les deux participants, sur la vitesse de réponse de l'un à l'autre, etc. Il arrive même que l'on observe, dans des conditions expérimentales, les pouvoirs de deux médiums qui se transmettent une information. Dans ce cas, l'expérimentateur a uniquement un rôle extérieur. Rhine prétend dans divers rapports que ses tests prouvent la présence d'un phénomène ESP chez certaines personnes. À l'époque, une lutte s'est engagée entre lui et des psychologues plus sceptiques. Des équipes d'opposants sont parvenues à démontrer que les conditions expérimentales dans lesquelles s'étaient déroulés les tests n'étaient pas assez draconiennes pour exclure la possibilité de tricherie de la part des médiums concernés. Il a été prouvé que des tricheurs avaient même opéré dans le cabinet de Rhine en utilisant des méthodes qui, plus tard, ont été décelées par des illusionnistes professionnels. Il est en effet relativement simple de communiquer une information telle qu'un symbole parmi cinq en utilisant des codes, verbaux ou gestuels. Certains faux télépathes se transmettaient l'identité des symboles en faisant claquer plus ou moins fort la carte au moment où ils la posaient sur la table. D'autres encore prétextaient un rituel ou une procédure nécessaire à la manifestation de leurs pouvoirs pour contourner les protocoles expérimentaux. Aujourd'hui, aucune expérience scientifique menée de façon à exclure totalement toute possibilité de trucage n'a pu encore démontrer l'authenticité d'un sixième sens. Pourtant, il est possible de créer l'illusion psychologique de ce phénomène en utilisant certaines astuces. En voici une que vous pourrez utiliser pour simuler une transmission de pensée entre vous et l'un de vos amis. Dessinez sur des cartons blancs les signes ESP, et présentez-les à l'un de vos amis, en lui racontant l'origine de ces symboles. Placez-les ensuite sur la table de la manière suivante :

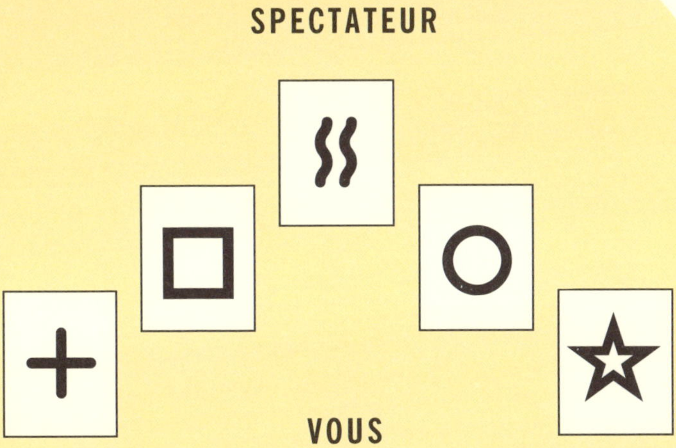

Demandez à votre ami de penser à l'un de ces symboles, en accompagnant vos paroles par le geste suivant : vos deux mains ouvertes se trouvent au-dessus de l'étoile et de la croix, comme pour les désigner. Puis elles entament un mouvement de rassemblement à mesure qu'elles se rapprochent de la carte « vagues », pour terminer jointes au-dessus de cette dernière, en la désignant. Dans la continuité de ce mouvement, elles remontent en direction du spectateur comme pour le désigner à son tour. Il est alors fort probable que votre ami pense au rond ou au carré, car il aura le sentiment que vous avez voulu l'inciter à penser aux vagues, qui, outre cette fausse suggestion, constituent un symbole plus frappant que les autres car moins courant. Il aura également moins tendance à choisir la croix et l'étoile, car ces deux symboles sont aux extrémités. Une fois qu'il a fait son choix, ramassez les cartes et mélangez-les. Vous allez maintenant utiliser une subtilité psychologique supplémentaire pour assurer votre succès. Sortez le carré du petit paquet, en le tenant face cachée pour votre ami, regardez cette carte, et demandez-lui : «*Tu as pensé au rond, n'est ce pas ?*» S'il vous répond «*oui*», prenez l'air satisfait et lâchez négligemment la carte avec les autres, comme si vous l'aviez sortie machinalement. Si en revanche il vous dit «*non*», demandez-lui le symbole qu'il avait en tête : s'il s'agit du carré, ce qui est très probable, retournez immédiatement la carte pour lui montrer que vous le saviez et que vous avez fait une «fausse» erreur... Cette expérience ne réussira pas à 100 %, mais, avec de la pratique, vous serez capable de la maîtriser de mieux en mieux. Sachez aussi la présenter dans un contexte informel, comme une illustration du sujet si vous êtes en train de parler des phénomènes paranormaux. Si vous ne tombez pas juste, vos amis ne vous en tiendront pas rigueur dans la mesure ou vous n'avez pas présenté ce test comme un tour, mais comme une expérience.

Musique

La musique est une arme d'ancrage puissante. Elle active ou réactive des émotions, des souvenirs, des sensations. Elle crée des associations d'idées immédiates, ce qui lui confère un fort pouvoir d'influence sur nos perceptions, notre psychologie et le fonctionnement de notre corps. Avez-vous remarqué qu'il est plus facile d'apprendre une chanson qu'une poésie ? Parce que le texte est associé à une musique ! Des études ont montré que la musique pouvait, chez certaines personnes, favoriser la concentration et la créativité et stimuler la mémoire ; chez certains enfants, la musique classique peut améliorer la perception spatiale et l'apprentissage du langage (*Mozart effect*[34]). La musique classique favorise également les comportements calmes et élégants. C'est pourquoi les clients d'un restaurant sont moins bruyants quand on y diffuse de la musique classique (Stephanie C. Doss, 1995). Ils consomment également davantage de produits raffinés (bons vins, bons plats) donc plus chers (Areni et Kim, 1993). La nature de la musique diffusée induirait donc un comportement à adopter pour coller à l'ambiance qu'elle véhicule. Des tests réalisés par les services de sécurité du métro de Newcastle semblent aller dans le sens de cette affirmation : on a montré qu'en remplaçant la diffusion de musique pop ou rock dans les stations par de la musique classique on parvenait à diminuer de façon très significative les actes de vandalisme et d'agression. Chaque type de musique influence différemment nos perceptions : les musiques traditionnelles ou sacrées d'Asie ou d'Amérique du Sud, de par leurs tempos et leurs fréquences basses, sont celles qui favorisent le plus la relaxation. Le jazz, de par la technicité de ses structures harmoniques et rythmiques, possède les mêmes vertus créatives et intellectuelles que la musique classique, mais s'accompagne aussi d'une notion de dynamisme et d'énergie. Quant à la techno, elle peut provoquer un état de transe, car la fréquence de ses basses et de ses pulsations influence notre rythme cardiaque. (Mais nous parlions de musique, je crois !). C'est ce qui explique peut-être que, dans les bars, une musique rythmée et forte maintient les clients dans leur euphorie et les fait consommer plus et plus vite. Plus le volume de la musique augmente, plus on consomme[35]. De la même manière, une musique rythmée dans un supermarché va inconsciemment vous faire aller plus vite pour faire vos courses (Milliman, 1982). La prochaine fois que vous irez dans un lieu public, observez les gens autour de vous et faites le rapprochement entre leur comportement et la musique diffusée. Vous constaterez vous-même cette influence de la musique sur nos comportements.

Sources et notes

A Z 1 9

[1] Test de Peter Cathcart Watson, spécialiste de la psychologie cognitive. Ce test date de 1966.
[2] Thomas Gilovich, professeur de psychologie, spécialisé dans l'étude de la prise de décision (université de Cornell) : *How we know what isn't so: the fallibility of human reason in everyday life*, New York, The Free Press, 1991.

Couleurs

[3] Expérience menée en 2003 par Nicolas Guéguen, chercheur en psychologie du comportement à l'université de Bretagne-Sud.
[4] Neil Kettlewell, Liz Evans : « Optimizing letter design for donation request », *Psychological Reports*, 1991.
[5] Expérience menée par Gerald Gorn, professeur de marketing à l'université de Hong-Kong (en collaboration avec Chattopadhyay, Sengupta, Tripathi) et rapportée dans « Waiting for the web: how screen colour affects time perception », *Journal of Marketing Research* en 2004.

Tout est relatif

[6] Kenneth J. Gergen (professeur de psychologie au Swarthmore College), Stanley J. Morse (psychologue, sociologue et anthropologue) : « Social comparison, self-consistency, and the concept of self », *Journal of Personality and Social Psychology*, 1970.

Un air de famille

[7] Lisa DeBruine : psychologue à l'université d'Aberdeen, spécialisée dans l'étude de la ressemblance faciale et de son influence. « Facial resemblance enhances trust », *Proceedings of the Royal Society of London*, 2002.

Mots de passe

[8] Technique décrite par Guy Brand de l'université de Strasbourg.

Langage et mensonge

[9] Technique suggérée par David J. Lieberman dans l'ouvrage *Get Anyone to Do Anything*, St Martin's Griffin, 2000.

Cold reading

[10] Bertram R. Forer : psychologue américain, il mit en avant le principe de validation subjective. « The fallacy of personal validation: a classroom demonstration of gullibility » *Journal of Abnormal and Social Psychology*, 1949.

Moins de cinq minutes

[11] William F. Chaplin (en collaboration avec J.B. Phillips, J.D. Brown, N.R. Clanton, J.L. Stein), étude menée dans le cadre du département psychologie de l'université d'Alabama : « Handshaking, gender, personality, and girst impressions », *Journal of Personality and Social Psychology*, 2000.

Pied dans la porte

[12] Jonathan Freedman et Scott Fraser, psychologues américains. « Compilance without pressure », *Journal of Personality and Social Psychology*, 1966.

[13] Robert Vincent Joule et Jean-Léon Beauvois, chercheurs en psychologie et professeurs d'université, ils sont les auteurs d'un des plus grands livres consacrés à la manipulation sociale, *Petit Traité de manipulation à l'usage des honnêtes gens*, 1987.

Porte dans le nez

[14] Robert Cialdini : psychologue social américain, professeur à l'université d'Arizona, auteur du best-seller sur le même sujet, *Influence*, Albin Michel, 1987. Il a mené des expériences qui ont mis en avant la théorie du pied dans la porte.

Chiffres et manipulation psychologique

[15] Massimo Piattelli-Palmarini : professeur de sciences cognitives à l'université d'Arizona.

Justice contre incertitude

[16] Théorie développée par Melvin Lerner en 1980. Melvin Lerner, D.T. Miller : « Just world research and the attribution process: looking back and ahead. » *Psychological Bulletin*, 1978.
[17] Jean-Pierre Deconchy, professeur de psychologie sociale à l'université de Paris-X. « Représentations et processus idéologiques, effets d'enveloppe et expérimentation », *Nouvelle Revue de psychologie sociale*, 2002.

Influence décalée

[18] Technique mise en avant par le travail de Robert Cialdini et de ses collaborateurs en 1978.

Stroop

[19] John Ridley Stroop : psychologue américain. Il publia cette expérience dans « Studies of interferences in verbal reactions », *Journal of Experimental Psychology*, 1935.

Influence silencieuse

[20] Kathi L. Tidd, Joan S. Lockard, « Monetary signifiance of the affiliative smile: a case of reciprocal altruism », *Bulletin of the Psychonomic Society*, 1978.

Fôte d'hortograffe

[21] Anthony Robbins : écrivain américain ayant publié de nombreux best sellers sur le développement personnel et la psychologie de motivation.

Milgram

[22] Stanley Milgram : psychologue social américain. *La Soumission à l'autorité*, 1974.

Psycho cécité

[23] Daniel J. Simons et D. T. Levin : « Failure to detect changes to people in a real world interaction », *Psychonomic Bulletin and Review*, 1998.

Mind Mapping

[24] Tony Buzan : psychologue anglais, il a écrit de nombreux livres sur l'apprentissage, la mémorisation et le fonctionnement du cerveau, notamment *An Encyclopedia of the Brain and its Use*, 1971.
[25] *Brainstorming* : littéralement, « tempête de cerveau ». c'est une méthode créative qui consiste, le plus souvent en équipe, à lancer autour d'un thème précis toutes les idées qui passent par la tête des participants, y

compris les plus farfelues ou les plus improbables. Cette technique créée par le publicitaire américain Alex Osborn, vise à désinhiber une équipe de créatifs pour que personne n'ait honte d'exprimer une idée. Il en ressort très souvent au final, des concepts originaux, et un résultat extrêmement créatif.

[26] Cette *mind map* a été réalisée à l'aide du Logiciel Mind Manager Basic 6.

Illusions cognitives et addiction au jeu

[27] Ellen Langer : professeur de psychologie à l'université Harvard. « The illusion of control », *Journal of Personality and Social Psychology*, 1975.

Manipulation de mémoire

[28] Elisabeth F. Loftus : professeur de psychologie, spécialiste de la mémoire. Ses recherches sur les faux souvenirs sont utilisées dans le domaine de la justice, pour analyser des témoignages de personnes victimes de pédophilie ou en état de choc. *Les Faux Souvenirs*, 1997. *The Myth of Repressed Memory: False Memories and Allegations of Sexual Abuse*,1994.

Argumenter pour convaincre

[29] Philippe Breton : chercheur en sciences de l'information et de la communication, il est l'auteur d'ouvrages sur l'argumentation comme *Argumenter en situation difficile*, 1994.

Dépense gâchée

[30] Hal Arkes, Catherine Blumer : professeurs de psychologie à l'université de l'Ohio, spécialisés dans l'étude du jugement et de la prise de décision. « The psychology of sunk cost », *Organisational Behaviour and Human Decision Processes*, 1985.

Serveurs

[31] David B. Strohmetz, professeur de psychologie : « Sweetening the till: the use of candy to increase restaurant tipping », *Journal of Applied Social Psychology*, 2002.

[32] Nicolas Guéguen (en collaboration avec C. Jacob) : « The effect of touch on tipping: an evaluation on a French's bar », *International Journal of Hospitality Management*.

ESP

[33] Joseph Banks Rhine (1895-1980) : biologiste américain, enseignant à l'université de Duke (Caroline du Nord), il se spécialisa dans l'étude de la parapsychologie, terme dont il est le créateur. Il est le fondateur du *Journal of Parapsychology*, qui existe encore aujourd'hui.

Musique

[34] *Mozart effect* : théorie développée par Don Campbell dans « The Mozart Effect: tapping the power of music to heal the body, strengthen the mind, and unlock the creative spirit », 1997.

[35] Nicolas Guéguen (en collaboration avec Le Guellec et Jacob) : « Sound level of background music and consumer behaviour: an empirical evaluation », *Perceptual and Motor Skills*, 2004.

BIBLIOGRAPHIE DE BASE

Complétée par de nombreuses recherches sur Internet
moult fois vérifiées et recoupées !

En langue française

Georges Charpak, Henri Broch : **Devenez sorciers, devenez savants,** *éditions Odile Jacob, 2002.*

Philippe Breton : **Argumenter en situation difficile,** *éditions La Découverte, 2004.*

Joël Guillon : **Vendre ses prestations,** *éditions d'organisation, 2003.*

Eléonore Mainguy : **Les jeux sont faits : confessions d'une ex-croupière,** *Alain Stanke, 2007.*

René de Lassus : **La Communication efficace par la PNL,** *Marabout, 1992.*

Ahmed Channouf : **Les Images subliminales,** *Presses universitaires de France, 2000.*

Michel Baudier : **Je téléphone avec succès,** *Maxima, 2004.*

John Fisher : **La Magie du corps** (traduction : Richard Vollmer), *Magix Unlimited, 1995.*

Jacques H. Paget : **Le Pouvoir de l'illusion,** *Plon, 2005.*

Philippe Turchet : **La Synergologie ou le Corps dans tous ses états,** *T.F.Com Editions, 1998.*

Patrick Kuffs : **Psychomagie,** *édité par l'auteur, 2003.*

Kevin D. Mitnick : **L'Art de la supercherie** (traduction : Daniel Garance), *Campus Press, 1995.*

Claude Santoy : **La Graphologie en 10 leçons,** *les Éditions de l'Homme, 2000.*

René Alladaye : **Petite Philosophie du joueur d'échecs,** *éditions Milan, 2005.*

Alain Lieury : **100 petites expériences de psychologie pour mieux comprendre le cerveau,** *Dunod, 2007.*

Nicolas Guéguen : **100 petites expériences en psychologie du consommateur,** *Dunod, 2005.*

Nicolas Guéguen : **Psychologie de la manipulation et de la soumission**, *Dunod, 2004.*

Serge Ciccotti : **150 petites expériences de psychologie pour mieux comprendre nos semblables,** *Dunod, 2004.*

Lou Krieger et Sheree Bykofsky : **Poker**, *micro-application, 2006.*

En langue anglaise

Steve Banachek :
Psychological Subtleties, *Magic Inspiration, 2002.*
Psychological Subtleties 2, *Magic Inspiration, 2006.*

Derren Brown :
Tricks of the Mind, *Channel 4 Books, 2006.*
Absolute Magic, *H&R, 2003.*

Ian Harling, Martin Nyrup : **Sleight of Mind**, *1st edition, 2004.*

David J. Lieberman : **Get Anyone to Do Anything,** *St Martin's Press, 2000.*

Corinda : **13 Steps to Mentalism,** *Robbins and Co., inc, 1968 / 1996.*

INDEX PAR THÈME

Numéro éditeur : 181803
Graphisme : Jean-Jacques TACHDJIAN,
Lille - ici@i-c-i.net
Impression / façonnage :
GR PRESSE, Athènes
Achevé d'imprimer en décembre 2010
Imprimé en Grèce, Union européenne